L'OPPOSITION

THÈSE POUR LE DOCTORAT

PAR

Albert DUPARQUET

Avocat à la Cour d'Appel
Lauréat de la Faculté de Droit

PARIS

LIBRAIRIE NOUVELLE DE DROIT & DE JURISPRUDENCE
ARTHUR ROUSSEAU
ÉDITEUR
14, rue Soufflot et rue Toullier, 13

1896

THÈSE

POUR

LE DOCTORAT

UNIVERSITÉ DE PARIS — FACULTÉ DE DROIT.

L'OPPOSITION

THÈSE POUR LE DOCTORAT

L'ACTE PUBLIC SUR LES MATIÈRES CI-APRÈS
Sera soutenu le mercredi 23 décembre 1896, à une heure et demie

PAR

Albert DUPARQUET

Avocat à la Cour d'Appel
Lauréat de la Faculté de Droit

Président : M. GLASSON.
Suffragants : MM. LEON MICHEL, *professeur.*
JAY, *agrégé.*

PARIS

LIBRAIRIE NOUVELLE DE DROIT & DE JURISPRUDENCE
ARTHUR ROUSSEAU
ÉDITEUR
14, rue Soufflot et rue Toullier, 13

1896

A MON PÈRE

A MA MÈRE

L'OPPOSITION

INTRODUCTION HISTORIQUE

Impuissant en face de l'esprit de chicane, le législateur a dû se résoudre à réglementer les procès qu'il ne pouvait éviter, et à faire respecter les droits de chacun, au milieu du conflit général des intérêts divers. Mais, dans cette tâche, un facteur puissant lui est venu en aide. L'intérêt personnel pousse, en effet, chaque plaideur à présenter lui-même tous les moyens qu'il croit propres à lui assurer la victoire. C'est pourquoi il arrivera la plupart du temps que les parties n'hésiteront pas à accepter la lutte et donneront au juge tous les moyens qui lui sont nécessaires pour statuer en pleine connaissance de cause. Le débat est, alors, qualifié de contradictoire, et le jugement qui intervient peut être considéré comme offrant toutes les garanties désirables.

Malheureusement, il n'en est pas toujours ainsi ; l'une des parties peut déserter la lutte et le jugement contradictoire devient alors impossible.

Il faut pourtant sortir de cette impasse et parvenir,

malgré tout, à donner satisfaction au comparant qui réclame justice, sans sacrifier pour cela les droits du défaillant.

C'est par la combinaison du jugement par défaut et de l'opposition qu'on résoud aujourd'hui cette difficulté, mais il peut être intéressant de rechercher à travers l'histoire, les moyens divers qui ont été successivement employés pour obtenir un résultat analogue.

I

DROIT ROMAIN

Nous n'avons pas l'intention de faire un exposé, même sommaire, des règles du droit romain en matière de contumace, et nous ne posons les quelques principes qui suivent qu'à titre d'introduction au droit canonique.

Nous nous bornerons donc à dire qu'en droit romain, l'opposition n'existait pas en principe : la partie qui avait fait défaut était jugée définitivement et sans appel possible. Mais il fallait, pour cela, que trois *edicta* aient été successivement prononcés contre elle, sauf dans certains cas où l'on se contentait d'un seul *edictum*, qualifié alors de *peremptorium*. Cependant, une *restitutio in integrum* était accordée, par faveur, à celui qu'une cause légitime tenait éloigné, ou que son état intellectuel ou physique empêchait de se présenter devant le juge (1). Nous disons le juge, car cette procédure n'était possible qu'après la *litis contestatio*. Si donc, le défendeur avait refusé de comparaître devant le magistrat, le procès ne pouvait avoir lieu et l'on devait

1. Boncenne, III, p. 4 et suiv.

se borner à une contrainte indirecte. C'est en envoyant le demandeur en possession des biens du défaillant qu'on essayait d'obtenir la comparution de celui-ci.

II

DANS LE TRÈS ANCIEN DROIT FRANÇAIS

Notre très ancien droit est loin d'offrir des règles aussi nettes, car la question se complique alors des conceptions toutes spéciales qu'avaient les Barbares en matière de procédure et de contrats, des institutions particulières qui en sont résultées et de l'influence du droit canonique qui, pénétrant partout, a accéléré l'évolution de ces institutions, pour aboutir au droit confus des premiers coutumiers et de l'époque féodale.

Si nous nous bornons, pour le moment, à ce très ancien droit, il nous suffira d'examiner un capitulaire de l'année 805, pour nous rendre un compte assez exact de ce qu'était la justice dans toute cette période primitive. Il en résulte qu'une décision ne pouvait alors être exécutoire par elle-même et n'était véritablement sanctionnée que si, de gré ou de force, on parvenait à obtenir l'assentiment du condamné (1). Avec un tel système, les condamnations par défaut étaient impossibles, et la procédure féodale les ignorera encore (2).

1. M. Esmein, La chose jugée dans le droit de la monarchie franque. *Nouvelle Revue historique de droit françaiset étranger* (année 1887) tome IX, p. 545 et suivantes.
2. M. Esmein, *ibid.*, p. 393.

Les contestations étaient alors de différentes sortes : ou bien le débiteur s'était engagé par un mode solennel ; il y avait eu contrat réel *ex re præstita* ou contrat verbis *ex fide facta*. S'il refusait de payer, le créancier obtenait du magistrat une mainmise générale sur les biens de son débiteur, en même temps qu'il se rendait chez lui, accompagné de témoins, pour le sommer de payer sa dette et l'ajourner à un certain délai, se comptant par nuits (1). En cas de défaut, les ajournements se succédaient, mais le défendeur encourait, chaque fois, une amende de quinze sous ; enfin, à l'expiration du dernier délai, le demandeur requérait le *graf* de le mettre en possession définitive des biens du débiteur et cette opération était exécutée solennellement, mais aux risques et périls du créancier (2).

Cela se comprenait, car, dans cette hypothèse, le débiteur avait en quelque sorte implicitement et par avance consenti à se soumettre à cette exécution forcée ; mais il n'en était pas de même en cas de délit. On faisait alors une distinction commandée par les circonstances. Si le délinquant débiteur promettait de se soumettre à la condamnation, il y avait lieu à application de la règle précédente. Si, au contraire, il refusait de faire cette promesse après que la condamnation avait été prononcée, ou si (ce qui revient au même) il avait négligé de comparaître après l'ajournement effectué par mannition (3), et rendu, par là,

---

1. M. Glasson ; *Histoire du droit et des institutions de la France*, III, p. 393. *Histoire du droit et des Institutions de l'Angleterre. Législation comparée,* II, p. 273. Ces formalités constituaient la procédure du « Testare ».

2. M. Glasson, *ibid., Angleterre*, p. 291-292.

3. L'ajournement par mannition était l'œuvre du demandeur lui-

toute condamnation impossible ; dans ces deux cas, il était assigné devant la cour du roi, où, s'il continuait sa contumace, il était déclaré hors la loi. Cette peine très grave entraînait la confiscation de ses biens et permettait, au premier venu, de le tuer.

En somme, on se borne à réprimer la contumace, mais on ne rend pas encore justice, puisque le défaut de la partie empêche de prononcer le jugement.

C'était la règle de la loi salique. La loi des Ripuaires et l'Edit de Chilpéric réalisent un progrès en ce qui concerne d'abord la procédure *ex delicto*, mais qui est étendu ensuite à la procédure de l'action *ex contractu*. On permet, en effet, l'exécution directe sur les meubles, en ne maintenant qu'exceptionnellement la mise hors la loi (1).

Sous les Carolingiens, la procédure se perfectionne et les droits du demandeur sont plus directement protégés. On abandonne la réforme de Chilpéric et l'on remet en vigueur l'ancienne procédure, mais avec des modifications et des transformations qui la plient aux besoins nouveaux (2).

L'ajournement par *mannitio*, d'abord restreint au cas de délit, devient général (3). Le demandeur lui-même somme son adversaire de comparaître devant le tribunal

---

même, qui, accompagné de trois témoins, se rendait au domicile de son adversaire, pour le sommer de comparaître à l'expiration d'un certain délai et lui faire connaître l'objet du litige. M. Glasson, *Angleterre*, p. 286.

1. M. Glasson, *France*, p. 452 ; *Angleterre*, p. 293. — M. Esmein, *Etude sur les contrats*, p. 158.

2. M. Esmein, *ibid.*, p. 158.

3. M. Glasson, *France*, p. 452.

du comte. Les Capitulaires y ajoutent la *bannitio* ou ajournement par ordre du magistrat. Dans les deux cas, les délais sont restreints, mais les défauts sont toujours nombreux, ils entraînent comme auparavant une amende de quinze sous perçue au profit du comte, qui abuse quelquefois des ajournements inutiles (1). D'ailleurs, aucun jugement n'est prononcé, tant que la partie ne comparaît pas. Aussi l'on cherche à provoquer sa comparution par un moyen tiré de l'ancienne mise hors la loi. Les droits du demandeur sont un peu plus sauvegardés ; il devait, probablement à l'origine, s'en remettre au bon plaisir du prince qui consentait à lui livrer une partie des biens confisqués ; sous les Capitulaires, le défaut de la partie entraîne le séquestre de ses biens, mais ils lui sont restitués s'il consent à comparaître dans l'année, sinon, le fisc se substitue à lui ; il devient propriétaire de ses biens, mais est en même temps chargé d'acquitter ses dettes. L'exécution se poursuit, d'ailleurs, aussi bien sur les immeubles que sur les meubles ; c'est la procédure de la *missio in bannum*, qui se substitue à l'ancienne mise hors la loi. Elle est plus favorable au créancier, car elle est prononcée par le comte et non par le roi et lui donne en outre un droit sur les biens saisis (2).

Si le demandeur fait défaut, il encourt l'amende, mais peut renouveler son procès. Il devrait cependant être condamné s'il avait fait défaut sur la preuve et que le défendeur eût cependant prouvé son droit (3).

1. Boncenne, *op. et loc. cit.* Il n'y avait pas d'amende si une excuse valable était présentée.
2. M. Esmein, *op. et loc. cit.*
3. Depuis un Capitulaire de Louis II. Auparavant le défendeur ob-

III

A L'ÉPOQUE FÉODALE.

La procédure est formaliste et la confusion est grande. Aussi est-il fort difficile de trouver un principe parmi la multitude des règles qui régissent les différentes seigneuries. Cependant, en ce qui touche les défauts, les règles admises précédemment se sont conservées en partie et nous pouvons remarquer :

Que celui qui fait défaut encourt pour cela une amende, à moins que son adversaire n'ait fait défaut en même temps que lui, auquel cas l'amende n'est pas due (1).

Que le jugement définitif n'est en général prononcé qu'après un certain nombre de défauts successifs, qu'on s'efforce de multiplier afin d'augmenter les frais (2). Mais exception est faite pour les causes simples, c'est ainsi qu'au possessoire on se contente d'un seul défaut.

Nous ajouterons que la peine du défaut n'était pas due lorsqu'on affirmait sous serment n'avoir pas connu l'ajournement (3), et le défaut n'était pas prononcé si la partie présentait un contremand ou faisait valoir une exoine légale.

Le contremand ou respit était une déclaration faite au nom du plaideur et par laquelle il s'accordait, de sa propre

tenait gain de cause sans avoir rien prouvé (V. Glasson, *France,* *loc. cit.*

1. Beaumanoir, *Coutumes de Beauvoisis,* I, p. 55, n° 22.

2. M. Glasson, *Histoire du droit,* p. 384, tome VI.

3. *Etab. de saint Louis,* livre II, chap. 27. Edition Viollet, tome II, p. 420.

autorité, un délai de quinze jours. Cette déclaration, qui pouvait être renouvelée trois fois (1), était une mauvaise chicane qui tomba vite en désuétude (2).

L'exoine (*essonium*) était une excuse que le plaideur pouvait faire valoir quand il se trouvait dans une situation prévue par la loi et qui l'empêchait de se présenter (3). Elle était nécessaire tant qu'on refusa d'admettre la représentation en justice, mais elle cessa de s'appliquer dès que cette représentation fut devenue obligatoire.

D'ailleurs, dès que les défauts prescrits avaient été prononcés, l'exécution était permise.

Toutes ces règles se compliquèrent sous l'influence du droit romain et du droit canonique. Cette dernière législation introduisit, notamment, un système hérissé de distinctions suivant qu'on plaidait en matière réelle ou en matière personnelle et suivant qu'il s'agissait du premier, du second, ou du troisième défaut. En matière personnelle notamment, le défendeur perdait, successivement, le droit d'invoquer ses exceptions déclinatoires, puis ses exceptions dilatoires, enfin ses exceptions péremptoires (4). En matière immobilière, il était obligé de supporter les frais.

Mais cette législation est encore bien différente de notre système actuel; il est certain qu'on punit le contumax, mais il est assez difficile de reconnaître si un recours spécial lui était ouvert pour attaquer le jugement qui le frappait. A vrai dire, c'est dans les coutumiers de cette époque,

1. Tardif, *Procédure civile et criminelle*, p. 53.
2. M. Glasson, *Source de la procédure*, p. 46.
3. Ordonnance de saint Louis, 1270. Isambert, tome II, p. 515, n° 120.
4. M. Glasson, *Histoire du droit*, VI, p. 498, (*France*).

qu'on rencontre, pour la première fois, le mot *deffaux* se substituant au mot *contumace*. On y parle aussi de l'opposition, mais dans un sens tout spécial. C'est ainsi qu'on désigne par là le moyen donné aux héritiers, pour attaquer le défaut pris contre leur auteur décédé (1), ou l'acte d'un plaideur qui se porte défendeur à la complainte (2).

Cependant, il paraît bien que l'opposition, considérée comme voie de recours, devait exister en germe à cette époque (3). Car, si les décisions font remarquer en général, que le défaillant perd sa cause, on lui permet, cependant, de faire « tantost appeller sa partie, pour veoir purger « icelluy deftault, auquel cas il sera ouy » (4), à moins toutefois qu'il ne s'agisse d'une question de possession ; le défaillant, est, alors, définitivement jugé, parce que, dit-on, il a toujours la ressource de faire statuer sur la question de propriété (5).

On distingue encore, selon que le demandeur a réclamé le paiement des dépens ; et, dans ce cas, le défaillant reprend la jouissance de toutes les exceptions, que son défaut lui avait fait perdre : « aultrement, il (le comparant) aurait « d'ung sac deux moultures, c'est assavoir argent et prouf- « fit en cause, ce qui n'est pas raison » (6).

De même le demandeur, qui a été condamné par défaut, peut reprendre sa cause en payant les dépens (7).

1. M. Glasson, *op. cit.*, p. 500, Bouteillier, *Somme rural*, livre I, titre V. Edition de l'Ecole, folio 8.
2. *Grand Coutumier de France*. Edition Laboulaye, p. 243.
3. M. Glasson, *Sources de la procédure*, p. 77.
4. *Grand Coutumier de France*, p. 242.
5. *Ibid.*, p. 243.
6. *Ibid.*, p. 457.
7. *Ibid.*, p. 458.

Nous ferons observer aussi, qu'à l'origine, le défaut d'une partie dispensait l'autre de faire valoir ses moyens, mais que dans la suite le droit des ordonnances exigea que les conclusions fussent vérifiées (1). D'ailleurs les déchéances ne sont encourues que si le défaut a été légalement prononcé,

Mais, en ce qui concerne l'opposition, il paraît assez logique d'admettre qu'elle a sa source dans les dispositions de ce droit canonique qui s'est si fortement implanté au milieu des coutumes du moyen-âge (3). Il est donc utile d'exposer rapidement ce qu'étaient ses dispositions, dans la matière des défauts et contumaces.

IV

D'APRÈS LE DROIT CANONIQUE

Pour créer cette législation, l'Eglise avait fait d'importants emprunts à la procédure romaine. C'est ainsi que les procès étaient divisés en deux phases, l'une antérieure et l'autre postérieure à la *litis contestatio.* Dans le second cas, le procès était lié, il pouvait donc quelquefois être tranché, malgré la contumace de l'une des parties, s'il avait déjà subi une instruction suffisante. D'ailleurs, le contumax payait les frais occasionnés par son défaut ; il était en outre frappé de certaines peines spirituelles, si, par sa faute, la sentence ne pouvait être rendue ; enfin le juge pouvait dans

1. Loysel, *Institutes coutumières,* livre VI, titre III, règles 1 et 15.
2. *Grand Coutumier*, p. 582-583.
3. M. Glasson, *Sources de la procédure,* p. 68.

certains cas accorder au demandeur une véritable possession de la chose litigieuse (1).

Le défaut se produisait-il, au contraire, avant la *litis contestatio*, le jugement de l'affaire était impossible, et il fallait pour contraindre le défendeur à se présenter, employer divers moyens de coercition. Les plus fréquents consistaient en des peines spirituelles, que les tribunaux d'Eglise pouvaient toujours appliquer sans se heurter à l'autorité laïque. Elles étaient seules possibles dans certains procès spirituels comme les questions d'état par exemple. Encore, dans ces cas, pouvait-on quelquefois obtenir une sentence, bien que la *litis contestatio* n'eût pas eu lieu (2).

Ces peines consistaient en des amendes, privation ou suspension de bénéfice, voir même l'excommunication.

Mais il existait d'autres moyens de contrainte, qui frappaient plus directement le contumax. C'est ainsi qu'en matière réelle, on envoyait le demandeur en possession de la chose litigieuse, à moins qu'on ne la plaçât sous séquestre ; en matière personnelle, on en faisait de même à l'égard d'une partie des biens du défaillant suffisante pour répondre de la dette (3). Il ne s'agissait là que d'une simple détention qui ne faisait pas même gagner les fruits et qui n'avait pour but que de forcer le défendeur à se présenter.

Mais, lorsque cette situation s'était prolongée, pendant un an en matière réelle, et pendant un certain temps, plus arbitrairement fixé, dans l'autre hypothèse, cette simple

1. Fournier, *Les officialités au moyen âge*, p. 156.
2. *Ibidem*.
3. Fournier, *op. cit.*, p. 152 à 157.

détention était, par décret, transformée en une possession
véritable qui donnait au demandeur primitif le rôle très
favorable de défendeur.

Au contraire, si, dans le délai fixé, le défendeur consentait à se soumettre, et donnait caution pour garantir sa
comparution, alors ses biens lui étaient restitués, et le procès s'engageait contradictoirement.

Faut-il voir, dans cette sorte de *restitutio in integrum*,
une origine lointaine de l'opposition telle que nous la com-
prenons aujourd'hui ? La raison de douter vient de ce que
le droit canonique, comme le droit romain et comme notre
très ancien droit, semble suivre, en matière de défaut, un
système tout à fait opposé à celui de notre procédure actuelle (1). Il punit le contumax, mais il ne présume pas,
pour cela, qu'il a tort. C'est pourquoi il refuse de le condamner sur une demande contre laquelle il n'a pas présenté sa défense. Cependant nous admettons que l'opposition pourrait très bien trouver sa source dans ces dispositions du droit canonique, et cela est d'autant plus raisonnable, que la procédure du défaut, telle qu'elle est
organisée au moment où intervinrent les premières ordonnances de la royauté absolue, paraît bien s'être inspirée des
pratiques suivies par les officialités. Le défaut n'est prononcé qu'après un certain nombre de citations, et en l'absence d'excuses légitimes : il est pris au greffe, or c'est
aussi à une sorte de greffe appelé *audiencia* que se pre-
naient les défauts dans les procès soumis aux tribunaux
d'Église. Et quant à la transformation du système adopté,

1. M. Garsonnet, *Traité théorique et pratique de procédure*, V,
§ 1024. *Contrà*. M. Glasson, *Sources de la procédure*, p. 99.

elle pourrait trouver son explication dans la série des transitions insensibles dues à la coutume et qui ont donné naissance à la procédure qui nous régit actuellement.

V

PÉRIODE DE LA MONARCHIE ABSOLUE JUSQU'A L'ORDONNANCE DE 1667.

C'est alors seulement que la royauté se décide à user de son pouvoir législatif pour réprimer les abus auxquels la procédure du défaut avait donné lieu. Deux ordonnances de François Ier interviennent en cette matière : l'une, datée de Saint-Germain le 13 janvier 1528, exige, dans son article 6, que tout plaideur qui interjette appel d'une sentence rendue par défaut, paye, au préalable, une amende de quarante sols parisis, ainsi que les frais de la première instance (1) : et au mois d'août 1539, l'ordonnance de Villers-Cotterets, dans son article 24, réduit à deux les quatre défauts qu'on avait coutume de réclamer ; et ne permet d'en prendre trois que dans des cas exceptionnels. Elle refuse, en outre, la voie d'appel au contumax dont la mauvaise volonté paraît évidente (2). Sous Henri III, l'ordonnance de Blois met les dépens à la charge du procureur en faute et prend des précautions pour éviter les frais excessifs (3).

1. Isambert, tome XII, n° 157, p. 309.
2. *Ibid.*, n° 188, p. 600.
3. Année 1579. Isambert, XIV, p. 380, art. 142, p. 415 ; art. 145, p. 416 ; art. 179, p. 423.

Mais, aucune disposition législative ne consacre la voie
d'opposition. Il est probable que ce mot, déjà employé
par les vieux coutumiers des xiiie et xive siècles, mais qui,
ainsi que nous l'avons déjà remarqué, n'était alors qu'un
acte de protestation quelconque, ne prit sa signification
spéciale, de voie de recours contre les jugements par défaut,
que dans le courant du xve siècle, époque où l'on com-
mença à prononcer véritablement le défaut, par suite de
la désuétude où étaient tombés les contremands (1). Il est
probable aussi que ce fut la pratique seule qui organisa
ce recours, jusqu'à ce que, sa forme parfaite ayant été
atteinte, il fût en mesure de recevoir la consécration législative que lui donna l'ordonnance de 1667.

VI

DE L'ORDONNANCE DE 1667 ET DES RÈGLEMENTS POSTÉRIEURS.

Cette ordonnance réglementa, pour la première fois,
l'opposition en tant que voie de recours. Mais elle essaya,
en même temps, de déraciner les vieux abus que nous avons
signalés. C'est ainsi que nous la voyons insister, à deux
reprises, pour défendre les réajournements (2). Elle réédite
sur ce point, en l'aggravant, l'ordonnance de Villers-Cotterets, puisqu'elle décide que, dans tous les cas, le premier
défaut sera péremptoire. Elle prescrit aussi aux juges
d'éviter les frais inutiles, et, dans ce but, leur défend
d'user, en matière de jugement par défaut, de la procédure

1. M. Glasson, *Sources de la procédure*, p. 103.
2. Ordonnance de 1667, titre V, art. 2 et titre II, art. 7.

d'appointement. Tout au plus est-il permis, quand il y a plus de trois chefs de demande, d'ordonner un délibéré. Mais aucune épice ne peut être réclamée dans ce cas (1).

Elle laissa cependant subsister bien des pratiques défectueuses, et, à côté de réformes utiles, en introduisit malheureusement d'autres, dont l'effet devait être déplorable. Mais d'une façon générale, elle réalisa de sensibles progrès.

La procédure qu'elle établit, en ce qui concerne les jugements par défaut et les oppositions, peut se résumer assez facilement ; mais, il faut remarquer d'abord, que la grande erreur de ses auteurs fut de ne pas supprimer complètement tous les défauts inutiles, et par conséquent frustratoires. Elle laissa subsister trois sortes de défauts : le défaut faute de comparaître, le défaut faute de défenses et le défaut faute de plaider. En ce qui concerne la procédure spéciale qui y était applicable, nous devons remarquer que le défaut faute de constituer procureur était toujours pris au greffe, à l'exception des juridictions subalternes où il n'existait pas de greffe de présentation (2). Au contraire, le défaut faute de défense n'était pris au greffe que lorsque le procès était pendant devant une cour.

Cette formalité, dont le but était la protection du défaillant, n'était en pratique qu'une source de frais et de fraudes de toutes sortes. Il en résultait en outre une très grande complication dans les affaires. En effet, le défaut étant pris au greffe, il fallait que le juge en adjugeât ensuite le pro-

1. Pothier, *Procédure civile*, p. 216.
2. *Ibid.*, p. 214. Le greffier des présentations fut introduit dans les cours royales par un édit de 1575. (M. Glasson, *Sources de la procédure,* p. 93).

fit. Or, il ne pouvait le faire qu'après un certain délai, variant suivant la longueur du premier délai d'ajournement, et qui était considéré comme franc (1).

Jusqu'à ce moment le défendeur pouvait constituer procureur et payer les dépens qu'il avait occasionnés, moyennant quoi, il était jugé contradictoirement (2). Dans le cas contraire, le jugement par défaut était prononcé après vérification de la demande (3). Mais le défaillant avait toujours la faculté de le faire rabattre, en se présentant avant la fin de l'audience (4).

Si plusieurs parties étant assignées, quelques-unes d'entre elles négligeaient de comparaître, il n'était prononcé de défaut que contre celles-ci ; mais un règlement du 28 juin 1738, concernant la procédure à suivre devant le conseil du roi, prescrivit de ne prendre défaut qu'à l'échéance du plus long délai, d'y comprendre toutes les parties assignées et de ne prononcer qu'un seul jugement qui serait contradictoire à l'égard de tous (5).

Le défaut du demandeur emportait congé de la demande, sans qu'on eût à vérifier les conclusions du défendeur. Mais on discutait sur l'effet exact de ce défaut congé. L'ordonnance de 1667 avait abrogé la présentation pour les demandeurs, mais cette formalité avait été rétablie dans la suite (6).

---

1. Pothier, *op. cit.*, p. 215.
2. Jousse, *Commentaire de l'ordonnance*, p. 80.
3. Pothier, p. 216.
4. *Ibid.*, p. 217.
5. Jousse, p. 61 et Pothier, p. 215, renvoyant aux réglements du Conseil de 1687 et 1734.
6. Pothier, p. 217.

En ce qui concerne l'opposition, elle était ainsi définie :
« Une voie ordinaire de se pourvoir contre les jugements,
« par devant le juge qui les a rendus (1) ».

Ce recours n'était accordé que lorsqu'un jugement par défaut avait été prononcé ; il ne pouvait être dirigé contre un
jugement contradictoire. Et dans ce sens on considérait
comme contradictoire, tout débat où la partie avait paru à
l'audience, ne fût-ce que pour réclamer un délai (2). Mais
tous les jugements par défaut étaient en principe susceptibles d'opposition. Cependant on avait apporté à cette règle un certain nombre d'exceptions : c'est ainsi que le recours était refusé contre les décisions rendues par forclu-
sion dans la procédure d'appointement (3), ou après délibéré sur le bureau (4). De même pour les décisions rendues à tour de rôle (5). Enfin (6) l'article 3 des lettres pa-
tentes du 24 mai 1770 avait consacré la règle « opposition
sur opposition ne vaut » (7) et le règlement de 1738 avait
apporté une nouvelle exception que nous avons signalée
plus haut.

Enfin, si l'on se bornait à consulter l'ordonnance, on serait
tenté de signaler une dernière dérogation à la règle qui
nous occupe. En effet, l'article 3 du titre 35 déclarait formellement que l'opposition n'était recevable qu'à l'encontre

1. *Ibid.*, p. 326.
2. Guyot, *Répertoire* au mot *opposition*, p. 405.
3. Rodier, *Questions*, p. 61.
4. M. Glasson, *Sources de la procédure*.
5. Guyot, *op. et loc. cit.*
6. Guyot au mot *Défaut*, p. 315. — Déclaration du 17 février 1688,
citée par Jousse, p. 624.
7. C'était cependant une règle très ancienne, puisqu'elle existait
déjà en droit romain en ce qui concerne les causes fiscales.

des jugements ou arrêts en dernier ressort. Cette décision, vivement combattue par Lamoignon lors de la préparation de l'ordonnance, avait pour but d'éviter les défauts, en punissant les défaillants. Les résultats qu'elle produisit furent déplorables, car on eut à lutter contre la malice des demandeurs, qui cherchaient, avec la complicité des sergents, à surprendre les décisions par défaut et à multiplier des appels coûteux (1). Aussi la jurisprudence refusa-t-elle, d'une façon unanime, d'appliquer cette disposition de l'ordonnance, ainsi que le constate un acte de notoriété du Châtelet de Paris, du 3 octobre 1727 (2). L'opposition fut donc admise en ce qui concernait les sentences, comme elle l'était à l'encontre des arrêts. Une distinction subsista cependant, en ce qui touche les formes de l'opposition.

En effet, elle devait être formée par Requête ou Lettres de Chancellerie quand elle était dirigée contre des arrêts ou jugements en dernier ressort, et ce *propter dignitatem curiae* (3). Mais un simple exploit était suffisant quand on plaidait devant les juges inférieurs.

En outre, elle n'était admise qu'après réfusion préalable des dépens et frais préjudiciaux. Mais cette règle n'était observée qu'au Palais et devant les Conseils ; car au Châtelet, toutes les chambres, à l'exception de celle des Auditeurs, se contentaient d'une sorte de compensation des dépens et n'exigeaient pas la réfusion préalable (4).

Cette opposition devait être formée en principe dans un

1. M. Garsonnet, V. § 1024.
2. Guyot au mot *Opposition*, p. 404.
3. Rodier, *Questions*, p. 60 à 62.
4. Guyot, *Contumace*, p. 1.

délai de huitaine (1) courant du jour de la signification du jugement par défaut. Cette signification devait être faite à personne ou domicile si la partie avait négligé de comparaî-tre ; au contraire, si un procureur avait été constitué, c'est à lui qu'elle était notifiée. Mais ce délai était manifestement in-suffisant dans le premier cas, aussi la pratique n'hésitait-elle pas à déroger largement à la loi (2). D'une part, en effet, on accordait au défaillant une augmentation de délai à rai-son des distances, et d'autre part on simplifiait en sa faveur les formes de l'opposition. On déclarait suffisante la significa-tion par lui faite dans la huitaine à son adverasire, pourvu qu'il saisit, plus tard, le juge en lui adressant une requête (3). Certaines règles étaient encore plus favorables ; le délai était considéré comme indéfini, s'il n'y avait pas eu de signifi-cation, ou si le jugement avait été rendu sur requête, partie non appelée (4) ; et s'il avait été donné défaut faute de com-paraître, il était d'usage au Palais d'admettre l'opposition pendant trente ans. Enfin, si le jugement était en premier ressort, on permettait à la partie qui avait laissé passer le délai de huitaine, d'interjeter appel et de convertir ensuite son appel en opposition (5).

Par contre, on lui appliquait rigoureusement la règle que, tout opposant doit venir prêt, et on refusait de lui accorder un délai pour réunir ses moyens de défense.

1. Jousse, p. 62 (ordonnance, titre 14, art. 4 et titre 35, article 3).

2. A l'exception du grand conseil qui s'en tenait strictement aux termes de l'ordounance. (Guyot, *Défaut*, p. 315).

3. Rodier, *op. et loc. cit.*

4. *Ibid.* et Guyot, au mot *Opposition*, p. 404.

5. Jousse, p. 623 ; Pothier, p. 323 ; M. Glasson, *Sources de la pro-cédure.*

VII

TRAVAUX PRÉPARATOIRES DU CODE DE PROCÉDURE CIVILE (1).

Nous pouvons remarquer, d'une façon générale, que nos législateurs, en ce qui concerne le Titre des jugements par défaut et des oppositions, ont pris pour base l'ordonnance de 1667, telle qu'elle se présentait à eux, c'est-à-dire complétée et modifiée par la jurisprudence et les réglements postérieurs ; mais qu'il ont su introduire, dans cette législation, quelques dispositions nouvelles.

Nous constatons aussi que l'intention des auteurs du Code a toujours été de donner satisfaction aux divers intérêts en présence, d'éviter les frais, et de faire obtenir aux parties une justice aussi prompte que possible, sans abandonner pour cela le défaillant, aux fraudes dont il était auparavant victime (2).

C'est surtout sur ce dernier point que des réformes étaient nécessaires, aussi voyons-nous nos législateurs y insister particulièrement. Dans les discussions du Conseil d'Etat et du Tribunat comme dans l'Exposé des motifs de M. Treilhard au Corps Législatif (3), on signale le danger et on applaudit aux réformes proposées. Elles sont de diverses sortes et prévoient surtout le cas où la partie n'a pas comparu sur la première assignation.

1. La Convention dans la loi du 3 brumaire an II avait abrogé l'ordonnance de 1667, mais on dut la rétablir bientôt.

2. Locré, tome XXI de l'ouvrage complet et I de la partie Procédure civile.

3. Treilhard, *Exposé des motifs*, Locré, *op. cit.*, p. 537 et suiv.

Comme il y a lieu alors de craindre les prévarications
des huissiers, la loi prend certaines précautions ; elle exige
que le jugement soit signifié dans un court délai de six mois
et que l'exécution en soit poursuivie dans le même temps ;
elle décide en outre, que cette signification doit être faite
par un huissier commis (1). Toujours dans le même but de
protéger le défaillant, elle modifie l'ancienne législation
conformément aux tempéraments qu'y avait apportés la jurisprudence, et fixe un délai spécial pour former l'opposition, dans le cas où le jugement a été rendu par défaut
faute de comparaître. Ce délai a alors une durée indéfi-
nie, puisque le législateur lui a fixé comme terme le moment
où le défaillant aura connu ou sera légitimement présumé
avoir connu l'exécution du jugement. Les travaux préparatoires nous montrent qu'on attendait de cette réforme des
résultats merveilleux qu'elle a été loin de produire. Cependant, elle réalise un progrès sur l'ancienne législation, bien
qu'elle présente de graves inconvénients. D'abord il faut
faire remarquer, que, si elle protège le défaillant, elle le
fait aux dépens des droits du demandeur, en tenant en
suspens une décision judiciaire qu'il sera peut être impossible de rendre définitive. En second lieu, nous signalerons
dans les travaux préparatoires, l'origine d'une controverse
qu'il y aura lieu d'examiner plus loin. En effet, les articles
158 et 159 confirmés d'ailleurs par l'Exposé des motifs, paraissent exiger, pour fermer la voie de l'opposition, que le

1. Il doit être commis par le juge du lieu de la signification, pour
éviter les frais de transport, toujours très onéreux (Locré, *op. cit.*, p.
277, amendement de l'archichancelier Cambacérès à la séance du
Conseil d'Etat du 14 floréal an XIII).

défaillant ait eu connaissance de l'exécution du jugement (1), tandis que, de la discussion qui a eu lieu au Conseil d'Etat, il ressort que la simple existence du jugement
étant connue du défaillant, cela devrait être considéré
comme suffisant pour lui interdire cette voie de recours (2).

Nous remarquerons aussi que le Tribunat voulait encore
pousser les précautions plus loin et qu'il proposa d'assimi-
ler, en ce qui touche le délai, le défaut contre avoué rendu
en dernier ressort, au défaut contre partie, afin, disait-il,
de protéger les plaideurs contre la négligence de leurs
avoués. Mais cette disposition n'a pas été admise, une demande de dommages-intérêts dirigée contre l'avoué devant
être suffisante pour indemniser la partie (3).

De même, de très louables efforts ont été faits, pour
économiser des frais (1). C'est pour cela que le nouveau
Code supprime le greffe des présentations et décide que
les défauts seront pris et jugés à l'audience (2) : il édicte
aussi dans les articles 151 et 152 des règles particulières
renouvelées des ordonnances et pratiques antérieures.
S'il y a plusieurs parties assignées à des délais différents

---

1. Treilhard, *Exposé des motifs*, Locré, *op. et loc. cit.*
2. Locré, p. 352 et suiv.
3. Locré, p. 430 ; Boncenne, p. 132, tome III.
4. Locré, p. 279, Observation de Regnault de St-Jean d'Angely.
5. Cependant on constate une certaine résistance, de la part de
ceux qui veulent faire prévaloir les droits du fisc, notamment M. Defermon (Locré, p. 281). Les législateurs ont alors le vif désir d'économiser des frais, et cet esprit se manifeste à plusieurs reprises dans
les travaux préparatoires, notamment dans les dispositions qui exigent que les requêtes d'opposition contiennent les moyens, à peine
de nullité; et ce, afin d'éviter les écritures frustratoires. Locré, *op.
cit.*, p. 431.

et pour un même objet, il ne sera pris qu'un seul défaut et il devra l'être à l'échéance du plus long délai.

Enfin les auteurs du Code, s'inspirant pour cela du règlement de 1738, ont réalisé une grande innovation en créant la théorie du défaut profit joint. Ils ont pour cela donné une portée générale à ce règlement qui ne concernait, auparavant, que la procédure devant le Conseil du roi, et ils l'ont en outre considérablement modifié.

Ajoutons que le nombre des défauts fut réduit à deux par la suppression du défaut faute de défense et que, conformément à certaines décisions de l'ancienne jurisprudence, le délai de huitaine qui suit la signification du jugement fut déclaré suspensif (1). De même l'exécution provisoire fut réglementée, mais on conserva, en ce qui concerne le défaut faute de conclure, l'ancien délai de huitaine accordé au défaillant pour former son opposition.

Cette distinction entre les délais devait amener une distinction entre les formes de l'opposition. Cette différence fut en effet consacrée par les articles 160 et 161.

Enfin les législateurs organisèrent le défaut congé sur des bases à peu près semblables à celles de la législation antérieure, et prescrivirent dans l'article 163 une certaine publicité de l'opposition.

Telles sont, rapidement exposées, les réformes apportées par le Code de procédure civile ; nous verrons dans la suite, que leur insuffisance a été vite démontrée.

1. Guyot au mot *Défaut*, p. 316.

VIII.

LOIS POSTÉRIEURES AU CODE DE PROCÉDURE. CRITIQUES DONT IL A ÉTÉ L'OBJET. PROJETS DE RÉFORME.

Pour présenter une histoire complète du droit d'opposition, il faut maintenant examiner rapidement les modifications qui y ont été apportées tant par le Code de procédure lui-même, en ce qui concerne certaines hypothèses spéciales, que par les lois qui sont intervenues postérieurement à ce sujet. Nous devons relever aussi les nombreuses critiques auxquelles a donné lieu la législation qui nous régit.

A. *Justices de paix et Conseils de Prud'hommes.*

Les règles concernant l'opposition sont beaucoup plus simples, car il faut, avant tout, obtenir une justice expéditive. Aussi n'y a-t-il pas ici dualité de règles, car on n'admet qu'un seul principe en ce qui concerne les formes et les délais de l'opposition : soit qu'on déclare qu'il n'y a devant les juges de paix qu'une seule espèce de défaut, ou qu'on admette que les deux défauts existent mais qu'ils sont assimilés au point de vue de l'opposition (1).

Le délai est de trois jours, il n'est pas considéré comme franc, mais on admet qu'il doit être augmenté à raison des

1. M. Garsonnet, §§ 993, 1038 et 1018. Cependant une réforme très importante se poursuit en ce moment en ce qui concerne les justices de paix. Voir rapport de M. Vallé du 17 mars 1894 (Proposition de MM. Million (21 novembre 1893) et Dupuy Dutemps et ses collègues). *Journal officiel,* Annexes, Chambre, 1894, I, p. 723.

distances. Il court à compter du jour de la signification faite par l'huissier du juge de paix (1) ou tout autre qu'il aura commis. Cette rigueur est tempérée par l'article 21 du Code de procédure, qui permet au juge d'accorder un délai plus long ou même de recevoir l'opposition après l'expiration du délai, s'il le juge utile (2).

Les formes de l'opposition se réduiront ici à un exploit contenant les moyens ou à une déclaration faite à l'audience, soit verbalement soit par écrit (2). Mais la déclaration sur l'exécution serait insuffisante, car elle interviendra nécessairement à une époque où l'opposition n'est plus recevable.

En ce qui touche les conseils de prud'hommes, le titre vii de l'avis du Conseil d'État du 20 février 1810 reproduisant textuellement les dispositions du Code de Procédure que nous venons d'examiner, il y aura lieu d'appliquer les mêmes règles, mais on admettra en outre la validité de l'opposition formée par déclaration sur les actes d'exécution (3).

B. *Tribunaux de Commerce*

Nous admettons qu'ils peuvent rendre des jugements par défaut faute de conclure, aussi bien que des jugements par défaut faute de comparaître (5). Mais il faut se demander s'il y a lieu d'appliquer ici les règles de droit commun en ce qui concerne les délais et les formes de l'opposition.

1. Il n'y a plus d'huissier des juges de paix depuis la loi de 1838.
2. M. Garsonnet, § 1038.
3. *Ibid* , § 1043.
4. *Ibid*., §§ 1043, 1048 et 1015, note 10.
5. En ce sens Requête, 27 avril 1895, D. 95, I, 400.

A l'égard des délais, l'article 436 du Code de procédure avait, conformément à l'ancien droit, établi dans ce cas un délai unique de huit jours à partir de la signification. L'article 643 du Code de commerce est venu modifier ce système ; mais comme il ne déclare applicable aux jugements des Tribunaux de commerce que les articles 156, 158 et 159 du Code de procédure, on a pu croire, en l'interprétant à la lettre, qu'il avait substitué au délai de huitaine un autre délai, celui établi en cas de défaut contre partie et ce, pour tous les cas, que la partie ait ou non comparu. Nous n'admettons pas cette interprétation, et nous décidons que l'article 643 n'est pas exclusif de l'article 436, qu'il a voulu seulement compléter. Il en résulte que le délai d'opposition en matière commerciale sera conforme au droit commun, sauf les dérogations nécessaires, dérivant de la nature des choses (1). C'est ainsi notamment que le délai ne pourra jamais courir qu'à compter d'une signification à partie. La même observation s'applique aux formes de l'opposition, l'article 162 sera seul applicable, et la requête de réitération sera nécessairement remplacée par un exploit. Ajoutons, que le délai de réitération est réduit à trois jours par l'article 438 (2).

Mais les auteurs du Code de procédure et du Code de commerce n'ont pas su réaliser toutes les réformes indispensables ; leur œuvre était à peine terminée qu'elle était déjà critiquée, et des lois postérieures ont dû, sur des points spéciaux, transformer la législation en vigueur.

1. M. Garsonnet, §§ 1027, 1028 et 1042. Voir aussi, en ce qui concerne l'application de l'article 153 aux tribunaux de commerce, M. Garsonnet, § 1007 et au sujet de l'article 156, voir § 1023.

2. Voir M. Garsonnet, § 1047 et Code de procédure, art. 434 et suiv.

C. — *En matière de faillite.*

Les dispositions du Code de commerce ont été remplacées par la loi du 28 mai 1838. L'hypothèse qui nous occupe est prévue par les articles 580 et 581 (1), qui ont pour but de réglementer l'opposition au jugement déclaratif de faillite et à celui qui fixe à une date antérieure l'époque de la cessation des paiements. Le système adopté diffère du droit commun sous trois chefs.

1° L'opposition est permise non seulement au failli et à ses représentants, mais aussi à toute personne intéressée.

2° Le délai pour former cette opposition est restreint, dans tous les cas, à huit jours si le recours émane du failli lui-même (2), et à un mois s'il émane d'un autre intéressé.

3° Le point de départ du délai est modifié, ce n'est plus une signification, mais des formalités spéciales d'affiche et d'insertions dans les journaux.

On se contente donc de mettre les intéressés en mesure de connaître le jugement qui leur nuit, mais on ne recherche pas si, oui ou non, ils en ont eu connaissance.

En résumé, on a voulu fixer un terme net au droit d'opposition, ce qui était indispensable dans une matière qui réclame, plus que toute autre, une grande célérité.

D. — *En ce qui concerne les saisies immobilières pratiquees par le Crédit foncier.*

Aux termes du décret du 28 février 1852, lorsqu'un im-

1. La loi forme le livre III du Code de commerce
2. Sans augmentation à raison des distances.

meuble a été saisi par le Crédit foncier, et qu'un jugement ordonne de le vendre ailleurs qu'au tribunal de la situation, l'opposition contre ce jugement, s'il a été rendu par défaut, n'est recevable que pendant un délai de trois jours, qui a pour point de départ la signification du jugement, sans aucune augmentation à raison des distances (1).

E. — *En matière de divorce.*

La loi du 18 avril 1886, en présence des difficultés qu'aurait fait naître l'application des articles 158 et 159 à l'hypothèse qui nous occupe, et dans le désir d'éviter toute incertitude sur une question aussi grave que l'état des personnes, a dû poser sur ce point des règles toutes nouvelles.

Cette loi ayant prohibé l'acquiescement en matière de divorce et après avoir fait cesser une ancienne controverse en décidant formellement qu'en cette matière l'opposition doit être reçue aussi bien contre les jugements que contre les arrêts (2), réalise des innovations sérieuses en ce qui concerne les formes de la signification de la décision rendue par défaut, la publicité qu'il y aura lieu de lui donner et les délais spéciaux d'opposition en cette matière.

Mais la portée de ces réformes doit être rigoureusement restreinte. C'est ainsi qu'on ne les appliquera qu'au défaut faute de comparaître et que dans aucun cas on ne devra les étendre aux décisions prononçant la séparation de corps (3).

1. M. Garsonnet, § 1037.
2. Sur ce point. Carpentier, *La loi du 18 avril 1886 et la jurisprudence en matière de divorce,* n° 132, p. 157.
3. Carpentier, n° 124. Huc, tome II, n° 380. Sur le premier point

En outre, même en ce qui concerne le divorce, l'article 247 C. civ. est formel, il ne concerne que les jugements et arrêts qui ont prononcé le divorce ; le droit commun reprend son empire si la demande a été rejetée, car, en ce cas, les dangers qu'on a voulu éviter ne sont pas à craindre (1).

Ce sera donc seulement dans le cas où le divorce aurait été prononcé contre une partie qui n'a pas comparu, qu'il y aura lieu d'appliquer les règles nouvelles. Celles-ci répondent à cette idée, qu'il faut faire tout ce qui est possible pour prévenir le défaillant du jugement obtenu contre lui.

C'est pourquoi le jugement sera nécessairement signifié par un huissier commis (2). Mais il faudra distinguer si cette signification a été faite à personne ou à domicile. Dans le premier cas, l'opposition ne sera recevable que pendant le mois qui aura suivi cette signification ; dans le second, le délai est de huit mois et il court à compter de certaines mesures de publicité ordonnées par le président du tribunal, à la requête du demandeur et même d'office, à raison de leur importance (3). Elles consistent dans la publication d'un extrait du jugement dans un ou plusieurs journaux désignés. On a critiqué la longueur de ce délai qui donne un puissant moyen dilatoire au défendeur de mauvaise foi ; mais le demandeur aura toujours la ressource de contraindre son adversaire à former rapide-

l'article 247 supposé que la signification a été faite à personne ou domicile et non à avoué.

1. Carpentier, n⁰ 131.

2. Article 247 C. civ. On discute sur le point de savoir si cette for-malité est prescrite à peine de nullité. Carpentier, n⁰ 130.

3. Carpentier, n⁰ 131.

ment opposition, en exécutant contre lui les dispositions accessoires du jugement, notamment la liquidation des reprises. Mais il n'y est pas forcé, aussi en conclurons-nous que la péremption de six mois ne s'applique pas à cette hypothèse et cela se comprend, puisque la seule exécution réelle, qui est la transcription du jugement, n'est possible qu'après huit mois. D'ailleurs, la loi se servant d'une expression inclusive « dans le mois — dans les huit mois », il faut décider que ces délais ne sont pas francs (1).

F. *En matière de déchéance de la puissance paternelle.*

Cette déchéance est prononcée par les tribunaux en vertu de la loi du 24 juillet 1889, sur la protection des enfants maltraités ou moralement abandonnés. Le droit des tribunaux est reconnu maintenant d'une façon plus large qu'il ne l'était auparavant (2) et une procédure spéciale est organisée par les articles 3 à 7 inclusivement.

C'est l'article 6 qui doit nous occuper particulièrement, il dispose que : « Les jugements par défaut prononçant la « déchéance de la puissance paternelle, peuvent être atta- « qués par la voie de l'opposition dans le délai de huit « jours à partir de la notification à la personne, et dans le « délai d'un an à partir de la notification à domicile. Si sur « l'opposition il intervient un second jugement par dé-

---

1. Sur ces points; Carpentier, nos 100 et 133. Huc, tome III, no 380.

2. Jurisprudence basée sur l'article 335, § 2 Pr. et sur la loi du 7 décembre 1874. Voy. Th. Huc, *Commentaire théorique et pratique du Code civil*, tome III, p. 218, no 211.

« faut, ce jugement ne peut être attaqué que par la voie
« de l'appel. »

Les motifs de ces dispositions sont d'ailleurs parfaitement indiqués dans le rapport de M. Gerville-Réache du
12 janvier 1889 (1).

« Il convient de laisser en suspens, le moins longtemps
« possible, la situation légale du mineur... Il peut arriver
« que la personne qui a changé de domicile n'aura con-
« naissance du jugement par défaut, prononçant la dé-
« chéance, qu'après l'expiration du délai d'opposition,
« mais elle aura toujours à se reprocher l'abandon effectif
« de son enfant. Il y a, d'ailleurs, un intérêt majeur à
« fixer, en tous cas, dans le délai maximum d'une année,
« la condition respective du mineur et de l'administration,
« de l'association ou du particulier qui l'aura recueilli. »

Ces considérations expliquent suffisamment la pensée de
la loi et les limites étroites qui restreignent le droit d'opposition dans ce cas.

G. *Opposition à mariage.*

Nous signalons en terminant la loi du 20 juin 1896 qui,
dans son article 7, supprime le droit d'opposition, ainsi
que nous le verrons plus loin.

H. — *Projets de réforme générale du Code de procédure.*

Malgré toutes ces modifications partielles commandées
par les circonstances, notre Code de procédure n'en reste
pas moins une œuvre très imparfaite. Aussi en réclame-

---

1. D. 90, IV, 17, note 3.

t-on, depuis longtemps, une refonte ; elle n'a pas encore eu lieu et cependant des tentatives sérieuses ont été faites pour arriver à ce résultat.

Déjà, en 1862, le gouvernement impérial avait institué, au ministère de la justice, une commission chargée d'élaborer un projet de loi en ce sens. L'œuvre était terminée en 1868, mais, bien que soumise au Conseil d'État, elle ne put venir en discussion et les événements de 1870 arrêtèrent complètement la réforme ébauchée. Elle avait cependant de grands mérites et, en ce qui concerne le point qui nous occupe, nous remarquerons que ses auteurs avaient su tirer parti des leçons du passé. Les modifications de détail étaient nombreuses, et elles visaient surtout à confirmer législativement les solutions généralement données en doctrine et en jurisprudence sur les questions les plus controversées (1).

C'est en ce sens que la commission avait complété les articles 153 à 155, 160 à 162, et modifié leur rédaction afin de les rendre plus clairs. De même elle avait supprimé le mot « requête », pour éviter les difficultés auxquelles il donne lieu ; enfin elle établissait un système spécial pour le cas où le jugement avait été rendu par défaut contre partie.

Cependant nous n'avons pas à insister sur ces réformes, car l'œuvre inachevée a été reprise et les solutions qu'elle avait données ont été à nouveau consacrées.

En effet, un décret du 10 juillet 1883 a chargé une nouvelle commission d'examiner dans quelle mesure la réforme

1. *Révision du Code de procédure*, Imprimerie Nationale, 1883, 1886.

du Code de procédure pourrait être entreprise. Plusieurs projets émanés de son initiative ont été présentés (1) ; aucun n'avait encore été discuté lorsque, le 5 mai 1894, le garde des sceaux, M. Antonin Dubost, déposa sur le bureau de la Chambre une proposition de loi portant réforme complète du Code de procédure civile (2).

Ce nouveau projet reproduit, comme nous l'avons dit, les dispositions de l'ancien, mais il y apporte plusieurs modifications très importantes. C'est ainsi qu'il supprime le défaut faute de conclure et qu'il restreint dans une certaine mesure les effets du défaut congé. Nous allons, d'ailleurs, donner une idée rapide des diverses réformes proposées dans la matière qui nous occupe.

La première et la principale, avons-nous dit, est la suppression du défaut faute de conclure. Dès qu'un plaideur aura constitué avoué il ne pourra intervenir contre lui qu'un jugement contradictoire et il en résulte qu'on ne prononcera jamais contre le demandeur un jugement par défaut susceptible d'opposition.

Cependant, à raison des circonstances, on a dû créer ici un système spécial et le projet distingue, à ce sujet, selon que le défendeur a ou n'a pas fourni de défenses dans l'affaire où le demandeur, après avoir nécessairement constitué avoué, a ensuite négligé de conclure.

---

1. Voir notamment : *Rapport de M. Henri Brisson au Président de la République*, le 21 décembre 1885, *Journal officiel* du 29 décembre, partie officielle.

2. M. Glasson, *La codification en Europe au XIXe siècle*, p. 17. Voir aussi séance du 5 mai 1894, Annexes à la Chambre, Documents parlementaire, 1894, I, p. 665.

Dans le cas où aucune défense n'a été fournie (**1**) on décide que le défendeur, après un simple avenir d'audience,
peut prendre défaut congé contre le demandeur qui ne
conclut pas. Ce jugement ne comporte aucun recours, mais
ses effets sont restreints, car le tribunal « se borne à anéan-
« tir l'instance en condamnant le demandeur aux dé-
« pens » (2). Celui-ci pourra donc renouveler son action et
ne se verra plus, comme dans la législation actuelle, arrêté
par une prescription acquise. On décide en effet que, malgré le défaut congé, l'ajournement primitif conserve son
effet interruptif de prescription (3).

Au contraire, si le défendeur a signifié ses défenses, il
peut, après un acte d'avenir (où il doit, à peine de nullité,
faire connaître au demandeur le parti qu'il veut prendre),
ne réclamer qu'un défaut congé ou exiger une décision sur
le fond du droit. Dans ce second cas, le jugement rendu
ne sera pas susceptible d'opposition, mais l'appel en sera
recevable.

À l'égard du défaut faute de comparaître, on le conserve
par nécessité, mais on cherche à en atténuer les effets.
Pour cela, diverses précautions sont prises.

D'abord le tribunal, s'il le juge utile, peut ordonner
une réassignation par huissier commis. En second lieu,
lorsque le jugement est rendu, il est comme auparavant
susceptible d'opposition, mais les délais de cette voie de
recours sont modifiés en vertu du système spécial alors
adopté.

1. Sans qu'on ait à distinguer si l'affaire comporte ou ne comporte
pas d'écritures préalables.
2. M. Glasson, *La réforme de la procédure civile en France*, p. 54.
3. M. Glasson, *op. et loc. cit.*

La signification du jugement est faite par un huissier commis (1). Elle doit l'être à personne ou domicile.

Si l'exploit est remis au défaillant lui-même, le délai d'opposition est réduit à quinze jours à compter de cette signification.

L'huissier doit prévenir le défaillant de la déchéance qui le menace et il le requiert en même temps de signer l'original de l'exploit.

Si, au contraire, la signification n'a pu être faite qu'à domicile, on en revient à l'ancienne pratique, mais elle est modifiée cependant sur plusieurs points.

D'abord le nouvel article contient une disposition spéciale en ce qui concerne la saisie des rentes, à laquelle on étend la solution déjà donnée en matière de saisie-immobilière. En outre, on accorde au défaillant un délai de huit jours pour former son opposition, délai qui commence à courir le jour où il a eu connaissance de l'exécution poursuivie (2).

Enfin le projet de réforme prévoit le cas où l'exécution est impossible. Il décide alors que, si la signification n'a pu être faite à la personne du défaillant, un procès-verbal de carence sera dressé, il sera rendu public suivant des formes à déterminer par un règlement d'administration publique, et l'opposition ne sera plus recevable huit mois après le dernier acte de publicité (3).

---

1. Par le tribunal dans le jugement, sinon par le président du tribunal du domicile du défaillant. (M. Glasson, *op. cit.* p. 56).

2. La Commission de 1862-1868 ne donnait qu'un délai de trois jours.

3. M. Glasson, *op. cit.*, p. 57 et suiv.

Quant à la forme de l'opposition, le projet consacre les principes du Code de procédure ; de même il renouvelle la règle « opposition sur opposition ne vaut », bien que les nouveaux principes la rendent à peu près inutile. Enfin, il fait cesser une grave controverse, en affirmant que l'opposition, comme l'appel, ne peut avoir qu'un effet suspensif.

Les frais sont mis, en principe, à la charge du défaillant, cependant le tribunal peut, à raison des circonstances, l'exonérer de tout ou partie de ces frais (1).

Enfin le jugement par défaut profit joint est conservé, cependant, la commission a modifié la rédaction de l'article 153 et a décidé que ce jugement ne peut être ni levé ni signifié mais qu'il faut en faire mention dans l'exploit de réassignation.

D'ailleurs, elle confirme les dispositions des articles 151 et 152 et renouvelle aussi la défense d'exécuter pendant la huitaine suspensive. Mais l'exécution provisoire est modifiée, en ce sens que les cas où elle peut être accordée sont ceux compris dans l'article 19 du titre des jugements, lequel article ne prévoit que les cas actuels d'exécution provisoire obligatoire. Malheureusement, toutes ces dispositions ne sont encore que des projets. Il faut donc étudier la législation positive.

1. M. Glasson, *op. cit.*, p. 59.

TITRE PREMIER

NATURE DE L'OPPOSITION

———

Le mot opposition désigne, d'une façon générale, tout acte de résistance d'une personne contre un état de choses qu'on essaye de lui imposer. Nous ne saurions l'envisager dans ce sens, où sa portée est, pour ainsi dire, universelle ; nous ne prétendons pas, non plus, l'étudier d'une façon générale, dans sa qualité de voie de recours, car, même restreinte à ces limites, son étendue d'application est encore beaucoup trop considérable. L'opposition, en effet, est en principe recevable contre tous les jugements par défaut de toutes les juridictions, quelle que soit leur nature. C'est pourquoi nous ne l'envisagerons que dans son acception la plus stricte, en ne l'étudiant qu'en sa qualité de voie de recours ouverte contre les jugements par défaut des tribunaux civils de première instance. C'est ainsi, que nous passerons sous silence les règles qui concernent l'opposition aux décisions par défaut des juges de paix, des conseils de prud'hommes, des tribunaux de commerce, de la Cour de cassation, des conseils de préfecture et du Conseil d'État, et que nous ne donnerons que des notions très sommaires sur les particularités que présentent les arrêts par défaut.

Ainsi restreinte, l'opposition est généralement définie :

Une voie de recours ordinaire, ouverte en principe à tout défaillant, contre le jugement qui lui porte préjudice, et par laquelle il revient devant le tribunal qui a rendu ce jugement, pour le prier de le rétracter.

C'est donc une voie de recours ordinaire et de droit commun, ayant pour but la rétractation d'un jugement par défaut. En effet, elle est accordée d'une façon générale, pour tous les cas compris dans l'hypothèse qu'elle prévoit, sauf exceptions nettement formulées, tandis que les recours extraordinaires ne sont autorisés que dans des circonstances exceptionnelles, limitativement prévues par la loi.

En sa qualité de voie ordinaire, elle exclut même, tant qu'elle est possible, l'emploi d'une voie extraordinaire ; bien mieux, elle met encore obstacle à l'exercice de la voie d'appel, car si ce recours est qualifié de voie ordinaire, son but, qui est la réformation de la première sentence, s'oppose à ce qu'il soit employé alors que cette sentence n'est pas encore définitive.

Or, l'opposition a pour effet d'empêcher le jugement qu'elle menace, d'acquérir dès maintenant force de chose jugée, et elle arrête en principe l'exécution de ce jugement. Mais elle ne peut être dirigée que contre un jugement par défaut. On désigne sous ce nom un jugement rendu dans des circonstances particulières, qu'on peut ainsi résumer :

Ou bien la partie assignée n'a pas accepté le débat, elle n'a pas comparu; ou bien, après l'avoir accepté (1), elle a négligé de faire valoir ses moyens de défense, elle n'a pas conclu. Dans le premier cas, le défendeur a fait défaut faute de comparaître ; dans le second, il a fait défaut faute de conclure. Le demandeur, lui, ne peut faire défaut que faute de conclure, puisqu'il a nécessairement accepté le débat qu'il avait ouvert, et qu'il a dû constituer avoué dans l'ajournement. Mais, il doit lui être cependant permis d'abandonner une instance qu'il a entamée à la légère. Il le fait, en s'abstenant de conclure, et le jugement qui intervient, dans ces conditions, porte le nom de jugement de défaut-congé.

Dans tous ces cas (2), la loi, qui ne présume pas la mauvaise volonté du défaillant, et qui ne veut pas cependant abandonner la partie comparante, ne permet de prononcer une condamnation, que sous la réserve de certaines précautions.

Aussi, les jugements par défaut sont-ils soumis à certaines règles, dont quelques-unes leur sont communes avec les jugements contradictoires (3), mais qui pour la plupart résultent de leur caractère spécial de jugements par défaut, et varient suivant que c'est un défaut contre partie ou un défaut contre avoué, qui a entraîné la condamnation. Quelques-unes de ces règles, cependant, trouveront leur appli-

---

1. Généralement en constituant avoué sauf devant les juridictions où le ministère de cet officier n'est pas imposé. Note de M. Glasson sous Boitard.

2. Sauf controverse, en ce qui concerne le défaut congé.

3. M. Garsonnet, *op. cit.*, §§ 1013, 1014.

cation dans les deux cas C'est ainsi que le tribunal aura toujours la même mission, que des précautions semblables seront prises, et que dans l'une comme dans l'autre hypothèse, la voie de l'opposition sera ouverte contre la décision rendue.

Réservant pour la suite l'étude même de l'opposition, on peut dès maintenant exposer les principales de ces règles, en les restreignant pour plus de simplicité, au cas normal où c'est le défendeur qui a été jugé et condamné par défaut.

Pour que cette condamnation soit prononcée, il faut d'abord supposer que le délai de l'ajournement s'est écoulé, sans qu'aucune constitution d'avoué de la part du défendeur n'ait été signifiée à l'avoué du demandeur, ou bien encore, que le moment de prendre des conclusions étant arrivé et la cause étant appelée, l'avoué constitué par le défendeur refuse de conclure. Le tribunal doit alors, sur la demande du comparant, remplir une double mission :

1° Donner acte à celui-ci du défaut de son adversaire.

2° Adjuger au demandeur le bénéfice de ses conclusions, si toutefois elles se trouvent justes et bien vérifiées.

Cette dernière prescription est fort raisonnable, car le défendeur a peut-être cru que sa cause elle-même plaidait pour lui, et il est de la dignité de la justice, de ne prendre une décision qu'autant qu'elle paraît conforme à l'équité et à la loi. D'ailleurs, les conclusions du demandeur paraîtront généralement justes, et comme les moyens de vérification manquent à peu près totalement, elles seront accordées la plupart du temps après un examen des plus sommaires. Si cependant l'ordre public était intéressé dans la question, il deviendrait nécessaire de rechercher attentivement si le défaut de la partie n'est pas un moyen indirect d'éviter l'application de la loi.

Mais, à côté de ces précautions plus nominales que réelles, le Code a introduit en faveur du défaillant une série de règles beaucoup plus importantes. Ainsi, en ce qui touche l'exécution du jugement, l'article 155 dispose que :

« Les jugements par défaut ne seront pas exécutés avant
« l'échéance de la huitaine de la signification à avoué, s'il
« y a eu constitution d'avoué, et de la signification à per-
« sonne ou domicile, s'il n'y a pas eu constitution d'avoué,
« à moins, etc... »

Le principe qui ressort clairement de cet article, c'est qu'on veut donner au défaillant un répit qui lui permette de réfléchir sur le parti qu'il devra prendre. C'est pourquoi ces huit jours de trêve, qu'on lui accorde, ne commencent à courir que du moment où il est réputé avoir connaissance du jugement qui le frappe. C'est une disposition qu'on retrouve dans la matière de l'appel, mais avec des différences que commandait la diversité des deux situations.

C'est pour une raison semblable que l'article 155 fait à ce sujet une distinction. Le défendeur avait-il constitué avoué, on présume qu'il est averti du jugement dès que celui-ci a été signifié à son avoué. Dans le cas contraire c'est une signification à personne ou domicile qui est exigée, parce que seule cette signification est possible dans l'espèce, la partie n'ayant aucun représentant dans la cause.

Observons cependant que, dans le premier cas, cette signification à personne ou domicile sera peut-être indispensable pour l'exécution, mais qu'elle n'a alors aucune influence sur le cours du délai suspensif.

Mais cette huitaine est elle franche ? On ne saurait en douter dans la seconde hypothèse, puisqu'elle a alors pour point de départ une signification à personne ou domicile ; mais la question est plus incertaine si on l'examine sur son autre face. Sans doute on peut faire remarquer alors que la même solution s'impose par égard pour le défaillant (1), mais cette doctrine doit être repoussée, comme formellement contraire au principe de l'article 1033.

On peut ajouter aussi qu'elle produirait un effet bien bizarre, car on se trouverait en face d'un délai suspensif dépassant de près de deux jours le délai accordé à la partie pour former son opposition, délai que la plupart des auteurs considèrent comme n'étant pas franc.

Mais, franche ou non, cette huitaine est certainement suspensive. Ainsi, tous les actes d'exécution qui auraient été accomplis pendant sa durée, seraient nuls. Cette nullité, toutefois, ne saurait être étendue aux actes conservatoires. »

Tel est le principe posé par l'art. 155. Mais ce principe comporte une exception, introduite d'ailleurs par ce même article, dont le premier alinéa dispose *in fine* :

« A moins qu'en cas d'urgence l'exécution n'en ait été
« ordonnée avant l'expiration de ce délai, dans les cas pré-
« vus par l'art. 135 (3) ».

---

1. M. Garsonnet, *op. cit.*, § 1015, citant Bioche, 336 et 337 (*Jugement par défaut*) et Boncenne, III, p. 47.
2. Boitard, I, nº 319.
3. Boitard, I, nº 320. M. Garsonnet, V., § 1015.

Pour comprendre la portée de cette restriction, il est nécessaire de donner une idée de cet article 135. Il a trait à l'exécution provisoire nonobstant appel, et peut se résumer en deux propositions :

1° Dans certains cas déterminés (si on invoque un titre authentique, une promesse reconnue, ou une condamnanation précédente par jugement dont il n'y ait point appel), cas où le droit du demandeur parait le plus respectable, l'exécution provisoire nonobstant appel *doit*, si le demandeur le réclame, être ordonnée par le tribunal, *sans qu'aucune caution* puisse être exigée.

2° A l'égard de certaines autres hypothèses énumérées par le même article, mais plus nombreuses, et où le droit du demandeur est moins fortement appuyé, l'exécution provisoire est encore possible, mais cette fois elle est *facultative* pour le tribunal, qui *pourra* en outre *exiger* une *caution* bien qu'il n'y soit pas obligé.

Mais dans les deux cas, l'exécution provisoire ne peut être ordonnée que par le même jugement qui condamne le défendeur.

Il en est de même en ce qui touche la situation prévue par l'art 155. De même aussi, dans l'une comme dans l'autre hypothèse, l'exécution provisoire ne saurait être accordée que si elle est réclamée par la partie intéressée à l'obtenir. Mais, abstraction faite de ces points communs, on relève des différences assez sensibles entre ces deux situations. C'est ainsi que l'art. 155 n'établit pas d'exécution provisoire obligatoire, et que la faculté d'exécuter immédiatement ne peut être accordée qu'en cas d'urgence, constatée expressément par le jugement, ou résultant au moins de ses térmes (1). Sur ces deux points, la situation du demandeur est moins bonne que celle qu'il aurait eue en n'invoquant que l'art. 135. Mais, d'un autre côté, il a ici un avantage considérable, puisque le tribunal ne pourra jamais soumettre le droit qu'il lui accorde, d'exécuter sans retard à la production préalable d'une caution. C'est d'ailleurs une disposition fort légitime, car dans le premier cas, l'appel interjeté ne pouvant arrêter l'exécution, il est indispensable de donner à l'appelant des garanties sérieuses contre l'insolvabilité de l'intimé. Ici, au contraire, le défendeur n'aurait à s'en prendre qu'à lui-même du préjudice qu'il pourrait subir à raison de cette insolvabilité, puisqu'il a la faculté d'arrêter immédiatement l'exécution en formant son opposition (2).

On verra plus tard, en s'occupant des effets de l'opposition, que l'article 155 contient encore une autre disposition importante, qu'il y aura lieu de comparer tant avec celle de l'art. 135 qu'avec l'hypothèse qui vient d'être exposée.

Mais, à côté de ces précautions prises d'une façon générale en faveur de tous les défaillants, il en existe d'autres qui sont spéciales à quelques-uns d'entre eux seulement ; c'est-à-dire à ceux dont la non comparution permet de présumer qu'ils ignorent complètement la poursuite dont ils sont l'objet. La loi a, dans ce cas, établi en leur faveur deux garanties nouvelles qui résultent :

1° De l'obligation pour le demandeur de faire signifier le jugement qu'il a obtenu, par un huissier commis à cet effet.

1. M. Garsonnet, V, § 1015.
2. M. Garsonnet, *ibid.*

2° De la prescription du jugement obtenu faute d'exécution dans un court délai de six mois.

On sait que ces dispositions ont eu pour but de mettre obstacle à des fraudes fréquentes dans l'ancien droit. C'est pour éviter les soufflements d'exploits, qu'on exige aujourd'hui que les jugements rendus par défaut faute de comparaître soient, à peine de nullité, signifiés par un huissier que le tribunal aura choisi, et qui comme tel, devra offrir toutes garanties de moralité.

Le tribunal commettra cet huissier, sur la demande du comparant, par le même jugement qui adjuge le défaut; mais cette formalité serait valablement accomplie par un second jugement, ou même par une simple ordonnance du Président du tribunal.

Si la signification doit être faite en dehors du ressort, l'huissier sera alors commis par le juge du lieu où il doit procéder. Le jugement devra donc donner commission rogatoire à cet effet. Cependant certains auteurs prétendent que le tribunal pourrait lui-même commettre directement l'huissier. Cette solution aurait l'avantage d'éviter les frais d'une requête (1).

Si, cependant, cette signification n'était pas faite par un huissier commis, elle serait nulle, bien que la nullité n'en soit pas expressément prononcée, et ce contrairement à la disposition de l'art. 1030. Elle résulte en effet de ce que la signification ne peut avoir aucune valeur, étant l'œuvre d'un officier public incompétent.

Cependant, le vice serait réparé, si dans la suite on si-

1. Boitard, I, p. 347.

gnifiait par huissier commis un acte équivalent, ou si le défaillant avouait lui-même qu'il a reçu la signification (1).

La seconde garantie répond à un danger analogue : On craint que le demandeur ne pouvant plus exécuter à l'insu de son adversaire, ne cherche à détruire l'effet de l'opposition qui sera certainement formée. On craint qu'il attende, pour procéder à l'exécution, que son adversaire ait perdu toutes les preuves sur lesquelles il pouvait appuyer son droit, et c'est ce qui serait arrivé, si l'on avait ici appliqué le droit commun. Le demandeur qui a trente ans pour exécuter le jugement par lui obtenu, aurait attendu vingt-neuf ans, peut-être plus, et certain alors de la disparition des preuves, il aurait légalement procédé à l'exécution.

C'est à ce point qu'un auteur a élevé une objection (2). Il a fait remarquer que cette fraude du demandeur ne saurait avoir des conséquences bien graves puisque, aux termes des articles 158 et 159, une simple déclaration du défendeur qu'il entend s'opposer au jugement qu'on exécute, suffira pour que tout soit remis en question. Et il ajoute, non sans raison apparente, que le court délai accordé au demandeur pour procéder à l'exécution, le conduira nécessairement à agir avec une précipitation très nuisible aux intérêts du défendeur.

On ne saurait cependant reconnaître quelque valeur à cette objection. L'opposition, en effet, serait une triste ressource pour un plaideur qui a depuis longtemps détruit ses moyens de preuve ; et, d'autre part, l'intérêt personnel sera généralement chez les créanciers un motif suffisant de

1. M. Garsonnet, § 1019.
2. Boitard, I, p. 349-350.

procéder à une exécution rapide, sans qu'on ait à faire intervenir l'influence de l'art. 156. On peut donc sans crainte approuver ses dispositions.

Elles se résument en ce que les jugements obtenus par défaut faute de comparaître doivent être exécutés dans les six mois de leur obtention à peine d'être réputés non avenus.

C'est là une véritable prescription et non une péremption comme on l'appelle ordinairement. (1) En effet, le jugement est anéanti de plein droit par le seul fait de l'expiration du délai, tandis que la péremption ne produit son effet que si elle est demandée expressément. Cette prescription s'accomplit par un délai de six mois, qui n'est pas franc puisqu'il a pour point de départ le jour du prononcé du jugement et non le jour d'une signification à personne ou domicile.

Mais il résulte des travaux préparatoires que cette prescription sera évitée dès qu'un acte quelconque d'exécution aura été accompli (2).

De même, l'acquiescement du défaillant, pourvu qu'il soit intervenu dans les six mois, a pour effet d'empêcher la déchéance du demandeur (3). Il en est de même d'une simple signification avec commandement si aucune exécution n'a été possible (4).

D'ailleurs cette prescription spéciale (5) ne touche que

1. M. Glasson sous Boitard, tome I, n° 323 en note.
2. Nancy, 19 février 1890, D. 91, II, 283.
3. Besançon, 7 mars 1890, D. 91, II, 168.
4. Req., 22 octobre 1894, D. 95, I, 233.
5. Mourlon et Naquet, *Répétitions inscrites sur la procédure*, n° 437 pensent comme nous qu'il y a ici une prescription et en tirent les

le jugement et non la procédure antérieure ; la prescription qui a été interrompue par l'ajournement, l'a donc été définitivement. Il semble bien aussi que cette règle doive s'appliquer à tous les jugements, quelle que soit la juridiction dont ils émanent (1). Elle ne peut être invoquée que par le défendeur défaillant (2) ou ses représentants, et non par le demandeur ou par une partie qui aurait comparu. On ajoute qu'une doctrine à peu près unanime refuse aux étrangers le droit d'invoquer l'art. 156 quand ils n'ont en France, ni propriété, ni domicile, ni résidence ; bien qu'on objecte qu'une signification serait toujours possible et qu'elle serait alors équivalente à une exécution (3). Enfin, cette prescription étant exclusivement d'intérêt privé, ne peut être suppléée d'office par le tribunal, si le défaillant ne l'invoque pas (4).

Pour terminer ces notions sommaires sur les jugements par défaut, il faut examiner rapidement les règles posées par la loi, pour le cas ou plusieurs parties sont assignées.

conséquences ordinaires. Nous ajouterons cependant que cette prescription pourrait être invoquée même contre un mineur. Mais nous n'en conclurons pas que ce délai de six mois doive être considéré comme un délai préfix emportant déchéance. La déchéance, en effet, opérerait de plein droit et il serait impossible d'y renoncer. Or il est certain qu'un jugement par défaut peut toujours être exécuté par la partie condamnée, même après l'expiration du délai, et que l'extinction de ce jugement ne peut se produire que si elle a été opposée par la partie qui doit en profiter.

1. Il y a une difficulté en ce qui concerne les juges de paix. M. Garsonnet, § 1023.

2. Req., 2 août 1887, D. 88, I, 17. Rej. 12 mars 1860, D. 60, I, 132

3. Boitard, nᵒ 324. Douai, 2 mars 1868, D. 68, II, 124. M. Garsonnet, V, § 1023.

4. Boitard, I, p 351.

On étudiera plus loin le système spécial que le Code de Procédure a établi, et qu'on désigne ordinairement sous le nom de « Défaut profit joint ». Aussi, faut-il se borner pour le moment à l'examen des dispositions contenues dans les articles 151 et 152 qui posent les règles suivantes :

« Article 151. — Lorsque plusieurs parties auront été « citées pour le même objet à différents délais, il ne sera « pris défaut contre aucune d'elles qu'après l'échéance du « plus long délai ».

« Article 152. — Toutes les parties appelées et défaillan- « tes seront comprises dans le même défaut ; et s'il en est « pris contre chacune d'elles séparément, les frais desdits « défauts n'entreront point en taxe, et resteront à la charge « de l'avoué, sans qu'il puisse les répéter contre la partie ».

Ces articles, qui s'expliquent d'eux-mêmes, ont été dictés par une raison d'économie. Ils sacrifient bien le demandeur, qui peut avoir intérêt à obtenir immédiatement un jugement de condamnation, pour procéder de suite à la conservation de son droit, mais il n'avait, pour éviter cet inconvénient, qu'à ouvrir plusieurs instances différentes. En effet, l'application de ces articles suppose deux conditions : 1° Les divers défendeurs doivent avoir été cités pour un même objet. 2° Ils doivent jouir de délais de comparution différents, ce qui résultera généralement de la distance plus ou moins grande existant entre le lieu de leur domicile et le siège du tribunal devant lequel ils doivent comparaître.

Dans ces circonstances, pour éviter des frais et aussi la possibilité de décisions opposées, la loi pose une double règle :

En premier lieu, elle déclare qu'il ne sera pris qu'un seul jugement par défaut, et elle ajoute que ce jugement ne saurait être accordé qu'à l'expiration du plus long délai.

Malheureusement, cette règle, qui est très raisonnable, manque d'une sanction efficace, car la loi ne prononce aucune nullité. Elle se borne à mettre à la charge de l'avoué les frais des jugements qu'il aurait pris inutilement ou prématurément. Or, cette peine toute pécuniaire n'est un frein suffisant, que si les divers jugements n'ont été pris qu'à la fin du plus long délai, ou bien encore, lorsque de tous les défendeurs assignés, aucun n'a comparu. Mais il n'en est pas de même si, un premier jugement ayant été rendu par défaut contre l'une des parties, ses codéfendeurs comparaissent ensuite et sont jugés contradictoirement. On se trouvera alors dans une situation que la loi s'est efforcée d'éviter par la création du « Défaut profit joint ». Mais il paraît difficile de sortir de cette impasse, à moins de prononcer la nullité des jugements obtenus. Or il est interdit, en procédure plus qu'ailleurs, de créer des nullités par analogie.

Les conséquences qui résultent de l'opposition dérivent de sa nature même. C'est une voie de rétractation, aussi est-elle portée devant le même tribunal qui a rendu le jugement par défaut. Nous verrons, en étudiant spécialement les effets qu'elle produit, les difficultés qui ont été soulevées sur la nature exacte des conséquences qu'elle entraîne.

En résumé, l'opposition est la voie de recours spécialement ouverte contre les jugements par défaut, et on entend par là des jugements d'une nature particulière auxquels s'appliquent les règles suivantes :

1° Ils sont rendus contre une partie qui n'a pas comparu ou qui n'a pas conclu.

2° Ils ne donnent gain de cause au comparant que si ses conclusions sont justes.

3° La décision rendue est, en principe, susceptible d'être rétractée sur opposition.

4° Elle ne peut être exécutée pendant un certain délai.

5° Si elle a été rendue faute de comparaître, l'exécution n'en sera possible qu'après une signification faite par huissier commis.

6° Et dans ce même cas, cette exécution devra nécessairement intervenir dans les six mois de l'obtention du jugement.

7° Enfin il est interdit de multiplier les jugements par défaut, lorsqu'un seul peut être suffisant.

TITRE II

CONDITIONS D'EXERCICE DE L'OPPOSITION

CHAPITRE PREMIER

A QUELLE OCCASION L'OPPOSITION INTERVIENT-ELLE ?

Si l'on recherche les diverses conditions qui doivent se
trouver réunies dans une décision judiciaire pour que cette
décision soit susceptible d'opposition, on en trouve un résumé
assez net dans les motifs d'un arrêt de la Cour de Douai du
11 mars 1864 (1). « Attendu (dispose-t-il) que l'opposition
« à tout jugement par défaut est de droit commun. Qu'elle
« doit être admise toutes les fois qu'une loi spéciale ne
« contient pas de dispositions contraires ou que la nature
« des décisions rendues ne résiste pas à l'emploi de cette
« voie de recours, etc... ».

Il résulte bien de cet arrêt que trois conditions sont né-

---

1. D. Supp. au mot *Jugement par défaut*, nº 9.La même idée est
reproduite par un arrêt de la Cour de cassation du 26 août 1879, D.
80, I, 128.

cessaires pour qu'une décision judiciaire soit susceptible d'opposition :

1° Il faut qu'on se trouve en face d'une décision prononçant une condamnation et qui, par sa nature, soit susceptible d'opposition.

2° Cette décision doit avoir été rendue par défaut.

3° Enfin, on ne doit pas se trouver dans un cas où une loi spéciale aurait prohibé la voie d'opposition. En d'autres termes, si l'opposition aux jugements par défaut est de droit commun, il ne s'ensuit pas que tous les jugements de cette nature soient susceptibles de cette voie de recours.

Section première.

Décisions qui par leur nature ne sont pas susceptibles d'opposition.

Ce sont d'abord celles contre lesquelles l'opposition est inutile, parce que le défaillant n'aurait aucun intérêt à la former. On suppose par exemple que, malgré son défaut, le tribunal n'a prononcé contre lui aucune condamnation.

De même pour les jugements ou ordonnances qui ne sont que de simples formalités comme ceux qui donnent acte d'un acquiescement ou d'un désistement (1).

Mais la question se complique dans diverses hypothèses où le défaillant a certainement intérêt à former son oppo-

____

1. M. Garsonnet, V, § 1051.

sition, mais où on hésite à donner le caractère de jugement contentieux à la décision rendue. La question est soulevée notamment en ce qui concerne les ordonnances et les jugements rendus sur requête.

Ordonnances.

C'est une question vivement controversée que celle de savoir si les ordonnances du président du tribunal sont, en principe, susceptibles de recours (1), et la difficulté est une conséquence naturelle des dissentiments qui s'élèvent, lorsqu'on veut déterminer exactement la nature de cette décision. Des opinions bien diverses ont été soutenues sur ce point ; les uns veulent y voir un acte de juridiction gracieuse, d'autres un acte administratif, une troisième opinion déclare que c'est un acte judiciaire, mais qu'il émane du pouvoir discrétionnaire du président et que de ce chef il ne peut être attaqué. Enfin, on soutient qu'une distinction est nécessaire et que le caractère de décision contentieuse, susceptible comme telle d'opposition ou d'appel, doit être reconnu à l'ordonnance dès que ce recours semble justifié par l'intérêt évident de la partie contre laquelle elle a été rendue.

M. Chauveau (2), qui ne veut admettre aucun recours, parce que la juridiction gracieuse n'en comporte pas, fait valoir en faveur de sa doctrine des arguments sérieux.

1. Certaines ordonnances émanent du tribunal entier (art. 191, 192, 325, 329 Pr.).

2. Chauveau sur Carré, I, question 378. Voir sur la question : de Belleyme, *Ordonnances sur requête et sur référé*, I, p. 149, 150. Mourlon et Naquet, *Répétitions écrites sur la procédure*, n° 446.

« Nous appelons (dit-il) juridiction contentieuse, celle qui
« a pour mission de décider entre les prétentions rivales de
« deux parties, que la loi met en présence ; juridiction
« gracieuse, celle qui prononce sur la demande d'une par-
« tie que la loi autorise à se présenter seule, sans appeler
« l'adversaire qui pourrait avoir intérêt à la contredire.....
« Dans le premier cas il y a procès..... et le droit de la
« défense est érigé en principe..... Dans le second, il n'y
« a que requête, la loi ne reconnaît qu'un solliciteur.....
« et fait au principe une exception formelle. »

D'ailleurs ce principe est justifié par le système général de la loi. Elle a constaté que l'intérêt en jeu est en général nul ou du moins fort minime, c'est pourquoi le législateur a donné le pouvoir de statuer sur ce point au président du tribunal, et qu'il lui a permis de le faire en l'absence de l'intéressé. Comment pourrait-on comprendre
que la défense jugée inutile au début ait pu devenir ur-
gente dans la suite.

Et les auteurs ajoutent, d'une part, que la partie n'ayant
pas dû être appelée, l'ordonnance ne saurait être considérée comme rendue par défaut, et d'autre part, que le recours
n'est ici accordé par aucune disposition générale du Code
de procédure, à la différence de l'ordonnance de 1667, qui,
au titre 35, art. 2, reconnaissait expressément le recours
dans l'hypothèse qui nous occupe. Cette solution semble
confirmée par les décisions spéciales que notre législateur a
consacrées par les articles 192, 263 et 417, dans lesquels il
reconnaît formellement le droit d'opposition; elle l'est aussi
par le silence du Code de procédure qui n'a déclaré nulle

part, quelle serait la voie de recours qu'il faudrait alors accorder, et devant qui l'affaire devrait être portée.

Malgré tous ces arguments, nous n'hésitons pas à admettre l'opinion contraire et à décider que l'ordonnance, dès qu'elle fait grief à une partie, doit être considérée comme un acte de juridiction contentieuse.

C'est en vue de simplifier la procédure qu'on a, dans l'espèce, dispensé le demandeur d'appeler son adversaire, on l'a fait, parce qu'on suppose que ce dernier n'a pas d'intérêt à la question et que la plupart du temps l'appréciation du juge sera une garantie suffisante. Mais la situation change si la partie, qu'on n'a pas appelée, démontre qu'elle avait un intérêt à contester l'ordonnance ; il faut donc lui permettre de provoquer un débat contradictoire. En outre le Code ne s'y oppose pas ; or, en pareille matière, nous ne pouvons pas refuser une voie de recours, qui est de droit commun, sans un texte qui nous y autorise, ce texte n'existe pas ; au contraire les articles 192, 263 et 417 reconnaissent formellement ce droit de la partie, ils le consacrent pour des hypothèses relativement peu importantes à côté de celles au sujet desquelles la loi est muette.

« Ne serait-il pas étrange (dit M. Naquet) (1) qu'on « reconnût la faculté d'attaquer les premières et qu'on « refusât le droit de recourir contre les secondes ? » Cette observation est d'autant plus raisonnable, que le cas prévu, notamment, par l'article 192 ne saurait être considéré comme plus grave que l'ordonnance qui envoie un légataire en pos-

---

1. Note sous un arrêt de la cour d'Aix, 27 janvier 1871, S. 72, II, 289.

session, peut-être en vertu d'un faux testament, ou encore, que celle qui permet une saisie-arrêt.

Nous ajoutons que la tradition, ainsi que nous l'avons constaté, est conforme à notre opinion, qui a en sa faveur la protection des « droits sacrés et inviolables de la défense » (1) et que l'exception que la loi a posée spécialement en matière de référé, montre bien qu'elle avait en vue un principe général et supérieur auquel elle entendait déroger.

Nous déciderons donc que l'ordonnance rendue sur requête ne sera pas nécessairement un acte de juridiction gracieuse, mais qu'elle aura, au contraire, un caractère contentieux toutes les fois que le défendeur pourra justifier d'un intérêt suffisant. C'est pourquoi nous lui reconnaîtrons, alors, un droit de recours contre la décision qui lui fait grief.

Mais quel sera alors ce recours ? C'est là une autre face de la question et, sur ce point comme sur le précédent, des opinions diverses ont été soutenues. Les uns prétendent que la voie à employer doit être celle de l'appel devant la Cour, tandis que les autres préfèrent accorder au défendeur la voie de l'opposition.

C'est cette dernière doctrine que nous préférons, bien qu'on puisse lui objecter qu'elle va consacrer l'omnipotence du juge, puisque c'est à lui-même qu'on va réclamer la rétractation de la décision qu'il a précédemment rendue. C'est que cette considération ne saurait prévaloir contre les arguments que nous pouvons invoquer.

1. Note sous Cass. civ., 10 novembre 1885, S. 86, II, 9. Voir aussi Boncenne, tome II, p. 161 et suiv.

D'une part, le droit commun qui veut que l'opposition soit accordée de préférence à l'appel, parce qu'elle est plus simple, et, en second lieu, cette circonstance que la Cour ne saurait être, en principe, saisie d'une affaire lorsque la partie n'a pas été mise à même de la faire juger contradictoirement par le juge du premier degré.

Quant à cette opposition elle-même, nous nous contenterons de signaler les difficultés qu'elle a fait naître. On a soutenu, en effet, des théories diverses pour la justifier ou fixer la juridiction compétente à son égard. Pour les uns, c'est le tribunal entier qui doit en connaître, pour les autres, c'est le président agissant en vertu des pouvoirs qu'il se serait réservés lui-même en ne délivrant l'ordonnance portant, notamment, permission de saisir-arrêter, qu'à charge de lui en référer ; une troisième solution ne voit dans l'opposition qu'une application des principes du droit commun en matière de référé. Nous préférons adopter la solution consacrée par la Cour de cassation le 3 avril 1895 (1) et dire que le droit commun devant recevoir ici son application, l'opposition doit être portée devant le juge qui a rendu l'ordonnance, lorsque celle-ci a été rendue en l'absence de l'intéressé.

Jugements rendus sur requête.

La question se présente ici dans les mêmes termes qu'en ce qui concerne les ordonnances ; nous admettrons donc une solution analogue, en vertu d'un argument *à fortiori*. Il s'agit, en effet, d'un jugement et non d'une simple

1. S. 95, I, 221.

ordonnance; sans doute, dans les deux cas, il n'y a pas, à proprement parler, un défaut de comparution; mais les mêmes motifs de protection du défendeur peuvent être présentés dans l'hypothèse qui nous occupe et la tradition est en ce sens. Enfin, nous ajouterons que l'intérêt du défendeur sera souvent très important. C'est ce qui arrive notamment en matière d'interdiction. L'opposition sera donc admise, avec d'autant plus de raison que la question ne se présentera généralement que lorsque le défendeur aura un intérêt réel à la soulever (1).

Section II

Décisions qui sont en principe susceptibles d'opposition. — Jugements par défaut. — Quand un jugement est-il véritablement par défaut ?

C'est ici le lieu de compléter les notions très sommaires données précédemment. Nous devrons donc déterminer exactement la limite qui sépare les jugements par défaut des jugements contradictoires. La question ne présente aucune difficulté en ce qui concerne les défauts contre partie. Il est cependant intéressant de rechercher le moment précis où ce jugement peut être prononcé. En d'autres

---

1. Dalloz, *Jugement par défaut,* n⁰ 177. Douai, 11 mars 1864, *Supp.* même verbo, n⁰ 9 ; Caen, 30 javier 1873, D. 76, II, 42 ; Paris, 19 juin 1875, D. 76, II, 42, *Contrà,* Dalloz, v⁰ *cit.,* n⁰ 178, et Trib. de la Seine, 30 décembre 1874 (Voir Paris ci-dessus).

termes, jusqu'à quel moment le défendeur peut-il constituer avoué?

A cette question, la théorie et la pratique répondent d'une façon différente.

En théorie, les règles sur ce point sont assez simples.

1° Le défendeur a-t-il été assigné à bref délai, il doit comparaître dans le délai prescrit, si toutefois l'assignation a été donnée légalement, en vertu de la loi ou d'une ordonnance du président du tribunal. Mais il a droit à tout le délai qui est franc, et peut faire sa constitution d'avoué à l'audience même (art. 75) ;

2° A-t-il été assigné au délai ordinaire ou à un délai plus long, il jouira de tout le délai qui lui a été accordé par son adversaire. Mais celui-ci ne pourra aucunement, en dehors des cas prévus, restreindre, de sa propre autorité, le délai légal que le défendeur aura toujours le droit d'invoquer en vue de faire recevoir sa constitution d'avoué. Cependant, il n'a plus la faculté de faire cette constitution à l'audience (1).

Mais la pratique des tribunaux est beaucoup plus libérale. Elle permet au défendeur de constituer avoué tant que le demandeur n'a pas réclamé le jugement par défaut (2), et l'autorise même à faire cette constitution jusqu'à la fin de l'audience où le défaut a été prononcé. On appelle cela rabattre le défaut. D'autres tribunaux évitent cette formalité en ne prononçant le défaut que sauf l'audience ou bien encore en n'accordant les jugements par

1. M. Glasson, note sous Boitard, 15e édition, n° 312.
2. Cette condamnation doit être réclamée par voie de conclusions, Rejet, 14 avril 1893, D. 93, 1, 413.

défaut faute de comparaître, qu'à la fin des audiences où ils sont réclamés (1).

Mais dès qu'un avoué a été constitué, le jugement ne peut plus être rendu que faute de conclure (2), et c'est alors qu'il sera souvent difficile de distinguer si l'on se trouve en face d'un jugement par défaut ou d'un jugement contradictoire. La règle est cependant très simple : le jugement sera contradictoire dès que des conclusions auront été déposées par chacun des avoués en cause.

C'est que des difficultés s'élèvent lorsqu'il s'agit de préciser la portée de cette règle et sa signification exacte. Nous les résumerons en deux questions distinctes :

1° Quand peut-on dire qu'il y a eu véritablement des conclusions déposées ?

2° Quel est l'effet exact des conclusions contradictoirement prises ? (3)

1. M. Garsonnet, tome II, §§ 260, 262 ; Boncenne, III, p. 115 à 117 ; Carré, II, Question 621.

2. A moins que les pouvoirs de l'avoué n'aient été restreints à certains chefs. Auquel cas le jugement sera rendu par défaut faute de comparaître sur tous les autres chefs.

3. La même difficulté concernant le point de savoir s'il y a défaut faute de comparaître ou défaut faute de conclure, s'élèvera dans le cas spécial où l'avoué constitué par la partie déclare qu'il ne veut pas ou qu'il ne peut pas occuper pour elle.

La question se résume en une recherche de la nature exacte du mandat des avoués. Faut-il n'y voir qu'un mandat ordinaire réglé par le Code civil ou faut-il lui reconnaître une nature particulière ?

Dans la première opinion, on déclare qu'aucune règle spéciale n'étant posée par le Code de procédure, il n'y a pas lieu de déroger aux principes ordinaires. On ne pourra donc se prévaloir du mandat de l'avoué que si celui-ci l'a accepté, ce qu'il ne fait pas en déclarant ne vouloir ou ne pouvoir occuper pour la partie (Nîmes, 18 ou 12 novembre 1808, D. A. *Jugement par défaut*, n° 225).

L'autre opinion, que nous considérons comme seule vraie, affirme

Première question. — Quand peut-on dire qu'il y a eu véritablement des conclusions déposées ?

Une observation préalable, c'est que les jugements ne peuvent être déclarés contradictoires ou par défaut qu'en vertu de la loi elle-même et qu'il n'y a aucun compte à tenir de la qualification qui leur aurait été donnée par le tribunal ou la Cour (1).

Ajoutons qu'il existe un assez grand nombre de cas où la question ne saurait faire de doute, c'est ainsi qu'il est absolument certain qu'aucune conclusion n'a été déposée, lorsque l'avoué ne s'est pas présenté ou lorsqu'il a refusé de conclure ou bien encore lorsqu'il a déclaré ne pouvoir le faire, parce que son mandat lui a été retiré. Peu importe que des mémoires aient déjà été signifiés par les parties (2).

qu'en principe l'avoué ne peut pas refuser son ministère. Dès qu'il a été constitué, cette constitution a pour effet d'empêcher qu'un jugement faute de comparaître soit rendu (en ce qui concerne toutefois les points sur lesquels elle porte) et la déclaration ultérieure de l'avoué ne saurait changer en rien cet état de choses. Il faut en effet considérer, ainsi que le constate M. Boncenne, III, p. 111 et suiv., que si le plaideur peut enlever à son avoué le mandat qu'il lui a donné, cette révocation ne saurait préjudicier aux droits de l'adversaire et qu'à l'égard de celui-ci elle ne saurait produire effet qu'après qu'elle lui aura été notifiée, ainsi que la constitution d'un nouvel avoué devant remplacer le premier. Enfin, la doctrine contraire conduirait à transformer en défauts faute de comparaître tous les défauts faute de conclure puisque l'avoué n'aurait qu'à déclarer qu'il n'est pas nanti des pièces suffisantes, ou qu'il n'a pas les pouvoirs nécessaires pour poser des conclusions contradictoires, déguisant ainsi un simple refus de conclure (Bourges, 19 décembre 1809, D.A. *Jugement par défaut,* n⁰ 227 et les nombreuses hypothèses citées sous ce même numéro).

1. D. A. *Jugement par défaut,* n⁰ 25 et suiv. Trib. civil de Marseille, 28 avril 1870, D. 72, II, 83, 84 ; Paris, 8 août 1872, D. 73, II, 119 ; Req., 4 juillet 1888, D. 89, I, 477 ; Req., 11 janvier 1892, D. 93, I, 65.

2. Req., 10 février 1868, D. 68, I, 391.

La loi exige des « conclusions », mais que faut-il entendre par là ?

Pour comprendre cette question, il faut faire remarquer que les articles 28 et 69 du règlement du 30 mars 1808 prescrivent au président de faire, au premier jour d'audience de la semaine, un appel des causes ; des conclusions doivent être immédiatement prises sur ces causes qui sont alors renvoyées à un autre jour pour être plaidées, et toute la question consiste à se demander s'il y a là des conclusions sérieuses, qui mettent dès maintenant l'affaire en état et la rendent susceptible d'une décision contradictoire, quels que soient les évènements postérieurs. L'affirmative est adoptée à Paris. Elle est conforme aux termes stricts du règlement de 1808, combiné avec l'art. 343, et a le mérite de diminuer le nombre des décisions par défaut contre avoué (1).

Mais des auteurs et des arrêts (2) s'élèvent contre cette doctrine. Ils objectent qu'elle est trop rigoureuse, que les conclusions prises à l'appel de la cause, n'étant que de pure forme, ne sont jamais sérieuses. On ne dépose les véritables conclusions que le jour où la cause est appelée pour être plaidée. Or ce sont ces conclusions seulement qu'on a eu en vue dans l'art. 343 et dans le règlement de 1808. Cela résulte des travaux préparatoires de ce premier article et des art. 33, 70 et 71 du règlement qui parlent de conclu-

1. Voir sur cette question, Chauveau Carré, II, quest. 613 *bis* ; Boncenne, III, p. 120-121 ; Pigeau, *Commentàire*, I, p. 341-342 ; M. Glasson, note sous le numéro 312 de Boitard, citant Requête, 25 avril 1881. V. aussi Req. 6 décembre 1892, D. 93, I, 478.

2. Chauveau citant Metz, 18 juin 1818 et Cass., 14 août 1832.

sions remises au greffier dans les trois jours qui précèdent les plaidoiries contradictoires (1).

Ces raisons nous paraîtraient convaincantes si elles ne se heurtaient pas au texte formel de la loi. Nous déclarerons donc que le jugement qui interviendra à la suite de ces premières conclusions sera, dans tous les cas, contradictoire, sans qu'on ait à se préoccuper de ce que l'avoué ne se serait pas présenté au jour fixé pour développer les conclusions qu'il avait prises. D'ailleurs, les conclusions une fois déposées, peu importe qu'elles soient plus ou moins complexes. C'est ainsi qu'on a considéré comme suffisantes des conclusions dans lesquelles l'une des parties se contentait de déclarer qu'elle n'entendait ni avouer ni contester la demande, ou qu'elle s'en rapportait à la prudence des juges (2).

Deuxième question. — Quel est l'effet exact des conclusions contradictoirement prises ?

Un premier point n'offre pas de difficulté. Ces conclusions ne peuvent avoir d'effet que sur ceux des chefs du jugement, à l'égard desquels elles ont été prises, et sur ceux qui leur sont connexes. Il en résulte qu'un jugement peut parfaitement être contradictoire sur un point et par défaut sur un autre, de même qu'il pourrait être rendu par défaut faute de comparaître sur un chef et faute de conclure sur un autre.

Mais c'est à un autre point de vue que la question doit

1. Toulouse, 12 décembre 1810 ; Cass., 12 mars 1816; D.A. *Jugement par défaut*, no 45.

2. Req., 4 février 1806, D. A. *Jugement par défaut*, no 42. Voir aussi Req. 1ᵉʳ juillet 1891, D. 92, I, 592 et Chambéry, 7 mai 1888, D. 91, II, 29.

être envisagée. Nous supposons que des conclusions ont été prises complètement et non pas seulement pour partie dans un litige déterminé, et nous recherchons si ces conclusions peuvent avoir pour effet de rendre contradictoires tous les jugements qui interviendront dans l'affaire dont il s'agit.

En d'autres termes, nous nous demanderons si des conclusions quelconques une fois posées par les plaideurs peuvent avoir pour effet de leur fermer la voie de l'opposition, d'une façon générale et définitive.

A. — *Les conclusions posées ont elles un effet général ?*

La négative est évidente, elle ressort de la décision ci-dessus. Puisqu'il est admis que les divers chefs d'un jugement peuvent être les uns contradictoires et les autres par défaut, on doit comprendre qu'il puisse y avoir dans une même affaire une série de décisions successives et différentes, et que des conclusions prises à l'égard de l'une ne sauraient fixer irrévocablement le sort des parties en ce qui touche les autres. C'est ce qui arrivera lorsque l'avoué se sera borné à proposer un déclinatoire d'incompétence, à soutenir qu'un appel n'est pas recevable ou bien n'aura conclu que sur une question incidente en s'abstenant sur la question principale (1).

Bien mieux, il y aura des cas où une décision sera rendue, pour partie, par défaut faute de comparaître, bien

---

1. Rejet, 18 janvier 1830, DA. *Jugement par défaut*, n° 43 ; Cass., 1er nivôse an VIII, D.A. *Jugement avant dire droit*, n° 32,1° ; Cass., 29 juillet 1868, D. 68, I, 374 et sur renvoi, Aix, 7 avril 1870, D. 71, II, 185 ; Rouen, 18 mars 1880, D. 80, II, 245.

qu'un avoué ait été constitué et ait conclu. Il faut supposer pour cela que le mandat de l'avoué a été expressément limité et se trouve épuisé à la suite du dépôt des conclusions.

B. — *Les conclusions posées ont-elles un effet définitif ?*

Nous entendons par là nous demander si, l'affaire ayant été liée contradictoirement, des événements postérieurs ne pourraient pas supprimer l'effet des conclusions prises, et rendre ainsi possible une décision par défaut. Cela se présentera dans des cas divers, notamment :

1° Lorsque l'affaire se trouvera soumise à un autre degré de juridiction ;

2° Lorsqu'il y aura eu un changement dans la composition du tribunal ;

3° Lorsqu'un jugement interlocutoire sera intervenu depuis que les conclusions ont été prises.

Les deux premières hypothèses répondent à des idées analogues. Dans le premier cas, l'affaire se trouvant remise en question, il n'y a pas lieu de tenir compte de ce qui a pu se passer auparavant et il en résulte que les juges d'appel doivent examiner attentivement les conclusions prises devant eux avant d'adopter les motifs des premiers juges (1).

Dans le second cas, l'affaire doit être recommencée et les conclusions posées une seconde fois parce que la composition du tribunal n'est plus la même. Cela peut se produire par suite de raisons diverses : absence ou maladie

1. Cass. civ., 16 avril 1866, D. 66, I, 323.

de l'un des juges, roulement annuel, partage de voix, transport de l'affaire à une autre chambre que celle qui en avait d'abord connu, etc...

Il est de règle, en effet, qu'un jugement ne peut être valablement rendu que par des juges ayant assisté à toutes les audiences. Si donc, la composition du tribunal se trouve modifiée, il faut que les conclusions soient reprises, sinon le jugement sera considéré comme rendu par défaut (1).

La troisième circonstance, où les parties sont obligées de reprendre des conclusions déjà posées, est celle qui se produit lorsque le tribunal saisi du procès a rendu, sur ce procès, un jugement interlocutoire. La raison en est très bien exposée par Boncenne (2).

« C'est, dit-il, que l'effet d'un interlocutoire peut modifier
« la contestation, lui donner une face toute différente, et
« que les conclusions primitives ne se trouvent plus agen-
« cées dans la nouvelle direction de l'affaire ».

On ajoute (3), que l'art. 70 du tarif fait entrer en taxe, dans ce cas, l'avenir qui sera donné à la suite de ce jugement, c'est dire que l'affaire entre dans une phase nouvelle et toute différente (4).

La même solution doit être étendue au cas où il sera intervenu un jugement préparatoire susceptible de changer

---

1. Cass. civ., 13 juin 1860 et la note, D. 60, I, 479 ; Cass., 11 décembre 1878, D. 79, I, 262 ; Boncenne, II, p. 380 ; Cass., 8 août 1859, D. 59, I, 345. On a été jusqu'à juger que le jugement rendu dans ces conditions était nul.

2. Boncenne, tome III, p. 119.

3. Rodière, I, p. 295.

4. Voir : Marseille, 28 avril 1870 et Aix, 28 avril 1871, D. 72, II, 83-84 ; Cass., 3 février 1824, D. A. *Jugement par défaut*, n° 49.

l'état de la cause. Sans doute l'art. 70 § 3 ne permet pas, d'une façon générale, qu'un nouvel avenir soit donné à la suite d'un jugement préparatoire, mais les articles 286, 299 et 321 Pr. (1) comblent cette lacune, en permettant que cet avenir soit donné même dans le cas où les jugements qu'ils visent ne sont que préparatoires (2).

Nous avons donc ainsi déterminé les cas où le jugement rendu, le sera par défaut et où, par conséquent, l'opposition sera possible.

Section III

Exceptions au principe ci-desssus. — Quels sont les juge-ments par défaut qui ne sont pas susceptibles d'opposi-tion?

Les exceptions apportées par le législateur à la règle qui vient d'être posée, sont assez nombreuses et peuvent se ranger en deux groupes. Les unes ressortant de certains principes établis au titre même des jugements par défaut, les autres dérivant simplement de caractères spéciaux pro-pres à telle ou telle matière du droit ou résultant d'une loi spéciale.

On commencera par élucider ce dernier point, réservant pour la première question des explications plus étendues.

1. En matière d'enquête, de descente sur lieux et d'expertise.
2. Rodière, p. 225.

§ I. — Diverses exceptions particulières à la règle qui autorise l'opposition contre tout jugement par défaut.

Ces exceptions se manifestent notamment en matière de saisie immobilière, de partage et licitation, de folle enchère, d'ordre, de surenchère, d'ordonnance de référé, d'opposition à mariage (en vertu d'une loi récente du 24 juin 1896). De même en matière de faillite (art. 583 C. com.), d'enregistrement, de récusation, de renvoi pour parenté ou alliance, d'arbitrage, enfin pour ce qui concerne les jugements par défaut rendus à la suite d'une instruction par écrit.

A. *Saisie-immobilière.*

Il est certain aujourd'hui que les jugements et arrêts concernant les incidents de la saisie immobilière ne sont pas susceptibles d'opposition. La question cependant a été longtemps l'objet de vives controverses malgré l'intervention législative.

Elles s'étaient manifestées dès la promulgation du Code de procédure (1) et se réduisaient à savoir si la matière de la saisie immobilière devait être considérée comme une théorie spéciale ayant ses règles propres, ou s'il fallait, au contraire, la compléter en lui appliquant les principes généraux du Code (2). Le décret du 2 février 1811 n'avait résolu la question que sur certains points, mais elle restait entière sur tous les autres. On pouvait toujours se deman-

---

1. D. A. *Vente publique d'immeubles*, nᵒˢ 1455 et suiv.
2. Limoges, 2 septembre 1811, D. A. vᵒ *cit.*, nᵒ 1459.

der si le décret, en excluant formellement l'opposition, avait voulu apporter une exception au Code sur les points qu'il avait prévus, ou seulement faire quelques applications d'un principe général sous-entendu.

La loi du 2 juin 1841 est intervenue pour faire cesser ces controverses. Malheureusement un accident de rédaction a failli compromettre cette œuvre. Le nouvel art. 731 ne prohibe, en effet, l'opposition qu'à l'encontre des arrêts par défaut, et un auteur (1) en a conclu que l'opposition devait être recevable contre tous les jugements, même ceux qui étaient visés par le décret de 1811. L'opinion contraire est universellement admise, elle résulte, à n'en pas douter, des travaux préparatoires (2) et est conforme au système général de la loi qui consiste à éviter autant que possible les pertes de temps et, à cet effet, va jusqu'à prohiber l'appel à l'encontre de certains jugements (art. 730) (2).

B. — *Partage et licitation.*

On rencontre ici ce même désir de simplification qui résulte des articles 969 et 973. En effet :

1° Il n'est admis ni opposition ni appel à l'encontre de l'ordonnance du président du tribunal rendue sur requête, et par laquelle il pourvoit au remplacement du notaire précédemment commis si celui-ci se trouve empêché (art. 969);

2° Même solution à l'égard des jugements rendus sur les

1. Chauveau sur Carré, V, 2ᵉ partie, question 2423.

2. M. Garsonnet, V, § 1050, p. 469 et la note ; Rapport de M. Persil à la séance du 23 mars 1840 et de M. Pascalis à celle du 9 juin. D. A. *Vente publique d'immeubles*, p. 570, n° 55, p. 578, n° 138 ; Paris, 16 février 1869 et la note, D. 71, V, 346.

difficultés relatives aux formalités postérieures à la sommation de prendre communication du cahier des charges (art. 973, al. 4);

3° L'opposition seule est prohibée, mais l'appel reste possible, à l'encontre du jugement rendu sur les difficultés élevées contre le cahier des charges (art. 973, al. 2 et 3).

C. — *Folle enchère.*

L'article 739 est absolument formel, il prohibe « toute opposition contre les jugements en matière de folle enchère », et il a été décidé que ce texte devait être entendu d'une façon large et comprendre les arrêts aussi bien que les jugements (1).

D. — *Ordre.*

Si l'ordre est amiable, l'opposition est impossible. Cette affirmation ressort, à notre avis, de ce qu'il y a ici un acte de juridiction gracieuse. Mais cette théorie n'est pas universellement admise (2).

D'après certains auteurs, en effet, il faudrait voir dans l'ordre amiable un ordre d'une certaine nature qui se rapprocherait plus de l'ordre judiciaire que de l'ordre consensuel. Cependant nous préférons admettre que dans l'espèce le juge commissaire étant chargé de concilier les parties et de dresser procès-verbal de l'arrangement

---

1. Rejet, 17 août 1853, D. 54, I, 382 ; D. A. *Vente publique d'immeubles,* nos 1886-1887.

2. Boitard, Colmet Daage et Glasson, *Procédure civile,* tome II, § 1025.

qu'elles ont conclu, il remplit un rôle analogue à celui du notaire devant lequel pourrait se faire l'ordre consensuel.

Quoi qu'il en soit, la question de la recevabilité de l'opposition ne saurait se présenter, puisque tous les créanciers ont dû se mettre d'accord, ce qui implique nécessairement qu'aucun d'eux n'a fait défaut.

L'opposition est également impossible en matière d'ordre judiciaire, c'est, en effet, la solution consacrée par la loi du 21 mai 1858 (1). Les travaux préparatoires, de même que les articles 762 et 764, prohibent nettement l'opposition et détruisent ainsi une controverse en adoptant l'avis de la Cour de cassation. Cette opinion est d'ailleurs fort raisonnable, puisque l'ordre n'étant que le complément de l'expropriation, il paraît logique d'y étendre les dispositions relatives à la saisie immobilière (2 et 3).

Les partisans de l'opinion adverse étaient d'ailleurs divisés, les uns voulaient appliquer sans restrictions le principe général et admettre l'opposition à l'encontre de tous les jugements rendus en matière d'ordre (4), les autres ne l'admettaient qu'à l'encontre des arrêts (5), les jugements, d'après eux, étant toujours contradictoires « puisque la véritable contradiction s'établit devant le juge commissaire ». Cette controverse n'a plus d'objet aujourd'hui.

1. Grosse et Rameau, *Commentaire de la loi du 21 mai 1858*, tome II, n° 411.

2. Requêtes, 26 février 1835, D. A. *Jugement par défaut*, n° 67 ; Colmar, 10 décembre 1849, D. 50, II, 151.

3. M. Garsonnet, V, p. 470, § 1050, étend cette solution à la distribution par contribution.

4. Liège, 19 février 1810, D. A. *Ordre entre cr.*, n° 817.

5. Metz, 25 juillet 1835, D. A. *loc. cit.*, n° 818.

E. — *Surenchère.*

La disposition de la loi qui prohibe l'opposition est l'art. 838. Il ne concerne que l'aliénation volontaire, mais on l'étend par voie d'analogie, à l'aliénation forcée. D'ailleurs « la faculté de surenchérir est un élément légal de la saisie immobilière » (1) et l'art. 731 défend l'opposition en cette matière.

F. — *Ordonnances et arrêts sur référé.*

L'art. 809 déclare qu'on ne pourra recevoir l'opposition dirigée contre une ordonnance de référé. Cette exception se justifie par le caractère d'urgence des causes qui sont ainsi jugées et la question ne fait pas de doute.

Elle est au contraire controversée lorsqu'on veut l'appliquer aux arrêts rendus par défaut, sur l'appel d'une ordonnance de cette espèce.

Le silence qu'observe en cette occasion l'art. 809 est la base de la discussion. Il prouve, a-t-on dit, que le législateur n'a pas voulu étendre à l'arrêt l'exception qu'il avait établie pour l'ordonnance, et cela est naturel puisqu'on n'est plus ici en face de cette situation toute spéciale d'une décision émanée d'un seul juge, l'analogie n'existe donc pas et l'intention du législateur n'est pas douteuse, car l'omission, dans l'art. 809, ne peut être que volontaire.

Comment aurait-il pu (alors qu'il établissait un certain nombre de règles sur l'appel des ordonnances de référé) oublier la principale de ces règles, sinon en vertu d'une

1. Toulouse, 12 juin 1842, D. A. *Surenchère,* n° 386.

idée bien arrêtée (1). C'est cette théorie qui semble prévaloir en jurisprudence, bien que celle qu'on lui oppose
puisse invoquer des raisons très puissantes (2). Elle fait remarquer que si l'art. 809 n'a rien dit dans son dernier alinéa, c'est qu'il était entendu que la règle écrite antérieurement devait s'étendre à toute la matière des référés.
Toutes les dispositions de cet article, même en ce qui concerne l'appel dont les délais sont restreints, ont pour but de
réaliser la plus grande simplification possible à raison de
l'urgence ; or « cette urgence, devant laquelle toutes les
« autres considérations s'effacent, n'a fait que s'accentuer
« en appel »(3). C'est pourquoi il serait à souhaiter de voir
la Cour de cassation admettre ce dernier système.

G. — *Jugement prononçant par défaut mainlevée d'une opposition*
à mariage.

(Art. 7. de la loi du 20 juin 1896 ayant pour but de faciliter les
mariages) (4).

L'art. 7 de la loi du 20 juin 1896 est ainsi conçu :
« Les jugements et arrêts par défaut, rejetant les oppo-
« sitions à mariage, ne sont pas susceptibles d'opposition ».
Dans la législation antérieure, le défaut de l'opposant
sur la demande en mainlevée pouvait (on verra plus tard

1. Limoges, 16 février 1842, D. 52, II, 191 ; Cass., 26 août 1879, D.
80, I, 128 ; Cass., 15 avril 1891, D. 92, I, 56 ; Orléans, 3 mars 1892,
D. 93, II, 262.
2. Bordeaux, 12 janvier 1888, D. 89, II, 167-168 ; Paris, 10 janvier
1889, D. 92, I, 56 ; Angers, 1er septembre 1851, D. 52, V. 338 ; Alger,
28 mai 1877, D. 80, I, 128.
1. Arrêt d'Alger déjà cité.
2. *Journal officiel* du 24 juin. Voir aussi : Chambre des députés,
séances des 4 avril 1895 et 11 juin 1896 ; Sénat, séances des 30 et 31
mars 1896.

pourquoi) conduire à une situation inextricable. Mais, chose étrange, on ne trouve aucune observation à cet égard dans les travaux préparatoires.

Tout ce qu'on cherche, c'est à diminuer les retards apportés par les oppositions à mariage. C'est pour cela qu'on avait proposé à la Chambre de décider qu'il devrait être nécessairement statué sur la demande en mainlevée dans un très court délai, ou bien encore, de ne donner force à l'opposition qu'autant qu'une demande en déclaration de validité aurait été formée dans la quinzaine. On a fini par se borner à une suppression de l'opposition voie de recours.

C'est là l'objet de l'art. 7 tel qu'il est revenu modifié du Sénat et, tant de ses termes que des travaux préparatoires, il résulte que :

1° L'opposition voie de recours est interdite dans tous les cas, quelle que soit la cause qui avait motivé l'opposition au mariage, et ce, même dans les cas de bigamie ou de démence (1).

2° Cette opposition n'est refusée qu'aux défendeurs à la demande en mainlevée, mais elle reste toujours ouverte au demandeur qui aurait fait défaut. Cela résulte des motifs de la loi et aussi de son texte même, modifié en ce sens au Sénat sur une observation de M. Demôle.

H. — *Exceptions diverses.*

On se contentera d'énumérer ici un certain nombre d'exceptions qui résultent de théories trop spéciales pour donner lieu à une étude même sommaire. C'est ainsi que

1. Amendement de M. Demôle, séances du Sénat des 30 et 31 mars 1896.

l'opposition n'est pas admise à l'encontre des sentences arbitrales, des jugements statuant sur les demandes en récusation ou en renvoi pour parenté ou alliance (1), de même en matière d'enregistrement ou d'instruction par écrit.

Certains jugements en matière de faillite ne sont pas non plus susceptibles d'opposition ; l'énumération en est comprise dans l'article 583 du Code de commerce :

« Ne seront susceptibles ni d'opposition, ni d'appel, ni de re-
« cours en cassation : 1° Les jugements relatifs à la nomina-
« tion ou au remplacement du juge commissaire, à la nomina-
« tion ou à la révocation des syndics. — 2° Les jugements
« qui statuent sur les demandes de sauf-conduit et sur
« celles de secours pour le failli et sa famille. — 3° Les
« jugements qui autorisent à vendre les effets ou marchan-
« dises appartenant à la faillite. — 4° Les jugements qui
« prononcent sursis au concordat ou admission provision-
« nelle des créanciers contestés. — 5° Les jugements par
« lesquels le tribunal de commerce statue sur les recours
« formés contre les ordonnances rendues par le juge-com-
« missaire dans les limites de ses attributions. »

§ II. — Exceptions résultant des principes établis au titre des jugements par défaut.

Ces exceptions sont au nombre de trois : l'une d'entre elles est douteuse mais les deux autres sont certaines. Elles concernent le jugement de défaut-congé, la décision ren-

---

1. Boitard, 15ᵉ édition, n° 576.

due à la suite d'un jugement de défaut profit joint, et celle qui intervient par défaut sur une opposition formée contre un premier jugement.

Première subdivision. — Le jugement de défaut congé est-il susceptible d'opposition ?

La question donne lieu à difficulté et elle se lie intimement à une autre controverse élevée sur le point de savoir quelle est la mission du juge lorsque le demandeur fait défaut ?

Doit-il se borner à relaxer le défendeur, à le renvoyer de la demande, ou doit-il, au contraire, prononcer une condamnation contre le demandeur défaillant et repousser sa demande comme mal fondée.

Les auteurs qui admettent la première opinion (1) invoquent la différence de rédaction qui existe entre l'art. 154 et les art. 149 et 150 : celui-là, à la différence de ceux-ci, ne donne pas au juge la mission de vérifier les conclusions du comparant ; c'est d'ailleurs une solution conforme à la raison (2) et aussi aux décisions du droit romain et de notre ancien droit. Une controverse avait bien été élevée à ce sujet sous l'ordonnance de 1667, mais Bornier et Tagereau n'hésitaient pas à la trancher dans le sens traditionnel.

Et partant de là, on décide que, puisqu'il n'y a pas de chose jugée, il ne saurait y avoir lieu à opposition, tout ce que le demandeur peut faire c'est de renouveler son action.

Cependant certains auteurs, adoptant le même principe, ont voulu néanmoins en atténuer les conséquences en per-

1. Boncenne, III, p. 16 et suiv.; Boitard, I, p. 364 et suiv., 13e édit.
2. Boitard, *op. et loc. cit.*

mettant l'opposition lorsque l'action, étant éteinte par prescription, le demandeur ne pourrait plus la renouveler (1). Mais ce tempérament n'a pas paru suffisant et une théorie s'est fait jour, qui soutient que dans tous les cas le jugement de défaut congé est susceptible d'opposition (1) et que cette voie de recours est seule ouverte au défaillant. On ne saurait permettre au demandeur, dit-on, de renouveler continuellement sa demande et de tenir ainsi pendant trente ans le défendeur à sa merci, il faut qu'il soit mis en demeure d'obtenir au plus vite un jugement définitif. Les textes, d'ailleurs, ne sont pas, comme on veut le faire croire, contraires à cette interprétation, car l'art. 154 Pr. a été complété par l'art. 434 du même Code. Cet article a reproduit l'art. 4 du titre XIV de l'ordonnance de 1667. Or, sur cette ordonnance, Jousse et Rodier soutenaient que le défendeur comparant devait être réputé avoir gagné son procès. Allant plus loin, un auteur soutenait même que les art. 150 et 154 faisaient partie du même système et que le second devait être complété par le premier. Mais cette opinion est manifestement inexacte (2). Quoi qu'il en soit, et laissant de côté les discussions accessoires sur le point de savoir dans quelle mesure l'art. 434 peut s'appliquer à la question (3), on est amené avec ce système à décider que l'opposition est toujours admise contre le jugement de défaut congé.

Nous croyons que la vérité doit se rencontrer dans une

1. Joccoton, du jugement par défaut congé, *Revue pratique de droit français*, tome IX, année 1860.

2. Carré, question 617.

3. Chauveau, tome II, quest. 617 ; Boncenne, *op. et loc. cit.* ; Joccoton, *op. cit.*, p. 26.

doctrine intermédiaire qui a le mérite de concilier les divers intérêts en présence.

Lorsque le demandeur fera défaut, le droit du tribunal sera restreint, en principe, au prononcé de la relaxe du défendeur. Dans ce cas, le tribunal n'a pas besoin de motiver son jugement (1) et le demandeur peut renouveler sa demande quand bon lui semble. Cependant on lui reconnaît le droit de former opposition s'il le préfère (2). Il peut y avoir intérêt si, par exemple, il a été condamné aux dépens du premier procès.

Mais le défendeur peut réclamer un examen de la cause, un jugement motivé est alors rendu contre lequel l'opposition sera nécessaire.

La jurisprudence paraît adopter cette distinction et consacrer le droit d'opposition. C'est en somme une application, aux jugements par défaut, des règles du désistement (3).

Signalons, pour terminer, une opinion qui autorisait l'opposition, mais défendait l'appel au demandeur défaillant (4).

1. Req., 24 décembre 1890, D. 92, I, 182 ; Req., 11 décembre 1894, D. 95, I, 262.

2. Chauveau sur Carré, question 617 ; M. Garsonnet, n° 1009 ; Joccoton, p. 28 ; Bastia, 14 août 1866, D. 68, II, 10.

3. Cass., 14 avril 1893, D. 93, I, 414 ; Thonon, 13 avril 1893 et Cass., 11 mai 1894, D. 94, I, 494 ; Paris (1 arrêt) et Bordeaux (2 arrêts), 6 janvier 1893, D. 93, II, 501 ; Chambéry, 14 février 1894, D. 96, II, 43. Cependant une doctrine qui a été consacrée par la commission de réformes permet, dans tous les cas, au tribunal de procéder à l'examen de la cause. Req. 21 janvier 1874, D. 74, I, 311. *Contrà*, Req., 17 juin 1856, D. 57, I, 37. Il est même admis généralement que cet examen est indispensable quand il y a appel incident régulièrement formé et quand le jugement dont est appel et sur lequel l'appelant fait défaut, touche à l'ordre public. Limoges, 27 juillet 1887, D. 88, II, 103 ; Cass., 5 mai 1885, D. 85, I, 339 ; Req., 23 octobre 1889, D. 90, I, 397.

4. Boitard, *op. et loc. cit*.

Deuxième subdivision. — La décision rendue à la suite d'un jugement de défaut profit joint n'est pas susceptible d'opposition.

Première question.— Qu'est-ce qu'un jugement de défaut profit joint ?

On peut le définir, un jugement d'une nature spéciale, qui est rendu lorsque, plusieurs parties étant assignées pour une même affaire, les unes comparaissent, les autres font défaut. Si l'on avait appliqué les principes généraux on aurait jugé contradictoirement les parties présentes et on aurait prononcé le défaut contre celles qui auraient négligé de comparaître. Mais cette solution aurait eu l'inconvénient de rendre possibles des décisions opposées, émanées des mêmes juges, dans une même affaire ; ou, ce qui est encore plus grave, de donner naissance à des condamnations injustes, prononcées, malgré leur intime conviction, par des magistrats désireux avant tout de sauvegarder leur propre dignité. C'est pour empêcher un telle iniquité que le législateur a dû créer une procédure spéciale. Chose étrange, cette réforme indispensable s'est longtemps fait attendre, puisque tout fut abandonné au droit commun jusqu'en 1738, et que le règlement qui fut alors établi, ne le fut que pour le Conseil des parties. On sait que cette disposition n'était pas exempte de toute critique, et que c'est aux rédacteurs du Code que revient l'honneur d'avoir trouvé un terrain de conciliation entre les intérêts contraires du défaillant et de l'ordre public.

La procédure qu'ils ont établie peut se résumer ainsi :

Lorsqu'au jour indiqué quelques-unes des parties assi-

gnées négligent de comparaître, le tribunal doit se borner,
si le demandeur le requiert (1), à donner défaut contre les
défendeurs non comparants, en déclarant joindre ce défaut
au fond de l'affaire ; il doit en outre ordonner que ce jugement de jonction leur sera signifié par un huissier commis,
avec assignation à comparaître devant le tribunal à un
jour désigné, sous peine de voir adjuger le profit de ce défaut. Jusqu'ici, peu de différence avec la procédure ordinaire, on se borne à séparer ce qui est généralement uni
et à faire résulter de deux jugements distincts la consta-
tation du défaut et l'adjudication du profit qu'on en tire,
ce qui d'ordinaire est réuni dans un seul jugement.

Mais l'innovation principale, c'est que le *profit* du défaut
est modifié dans sa nature, il est *joint* au fond de l'affaire,
mais a pour résultat un jugement contradictoire au lieu d'un
jugement par défaut.

En somme, on protège le défaillant en *ajournant* sa condamnation, on prend des précautions minutieuses pour porter à sa connaissance la poursuite dont il est l'objet, mais
on le prévient en même temps, que son défaut, sur cette
réassignation, sera puni très rigoureusement et que la voie
d'opposition lui sera refusée à l'encontre du jugement qui
sera prononcé.

Cet exposé est un commentaire rapide de l'article 153
qu'il faut maintenant examiner minutieusement.

« Si de deux ou plusieurs parties assignées (dispose-t-il)
« l'une fait défaut et l'autre comparaît, le profit du défaut

---

1. D'après M. Garsonnet, V, § 1004, si le tribunal l'accordait d'office, il statuerait *ultra petita* et son jugement pourrait être attaqué
de ce chef. La question toutefois est controversée.

« sera joint, et le jugement de jonction sera signifié à la
« partie défaillante par un huissier commis ; la signification
« contiendra assignation au jour auquel la cause sera appe-
« lée ; il sera statué par un seul jugement qui ne sera pas
« susceptible d'opposition ».

Un certain nombre de controverses ont été soulevées au
sujet de cet article. elles seront l'objet des questions suivantes.

Deuxième question — Dans quels cas le tribunal doit-
il appliquer l'art. 153 ?

La question se présente sous deux faces, il faut l'examiner en ce qui touche l'objet du litige et la qualité des
parties.

A. — *En quelles matières cette disposition est-elle applicable ?*

On peut répondre qu'en principe l'art. 153 a une portée
générale. On en fera donc l'application à toutes les instances pendantes devant un tribunal civil ou une cour d'appel (1), sans distinguer si la matière est de droit commun,
ou si elle est spéciale (s'il s'agit par exemple d'enregistrement), s'il y a lieu à application de la procédure ordinaire
ou de la procédure sommaire, si l'assignation a été donnée
au délai ordinaire ou bien à bref délai, pour une affaire requérant célérité (2). La question a cependant été discutée,
notamment en ce qui concerne l'appel des ordonnances de

---

1. Certaines controverses, qui ne rentrent pas absolument dans le
cadre que nous nous sommes tracé, se sont élevées en ce qui concerne son application aux autres juridictions. V. Rejet, 22 avril 1890,
D. 90, 1, 465 ; Paris, 13 janvier 1883, D. 33, II, 98.

2. M. Garsonnet, § 1005.

référé. On s'est demandé si, à raison des circonstances, il ne fallait pas, dans ce cas, écarter l'art. 153 (1). La négative résulte nécessairement de la jurisprudence aujourd'hui admise en cette matière. Mais il existe encore des points douteux en ce qui concerne les demandes en reprise d'instance et en vérification d'écriture et deux exceptions certaines dans les procédures de saisie immobilière et d'ordre.

Reprise d'instance. — On objectait que la procédure compliquée de l'art. 153 établie pour des jugements sur le fond, ne saurait être étendue à une matière qui ne touche que la forme, et on faisait remarquer que l'art. 349, qui a trait au défaut du défendeur, ne fait aucune distinction et paraît décider que l'instance sera tenue pour reprise immédiatement et dans tous les cas. Cependant l'opinion contraire est généralement admise et c'est avec raison. Aucune exception formelle n'est apportée au principe par les articles 349 à 351 et si ce premier article ne fait aucune distinction, c'est qu'il n'a en vue qu'un seul défendeur.

Vérification d'écriture. — La même solution s'impose dans le cas de vérification d'écriture, sans qu'il y ait lieu de distinguer si les parties assignées sont celles dont on veut faire reconnaître les signatures ou si, au contraire, il s'agit des différents héritiers d'un signataire unique (2).

1. Cass. civ., 15 janvier 1821 ; Bordeaux, 24 juin 1833, D. A. *Jugement par défaut*, n° 69.

2. Carré et Lepage, rapportés par Dalloz, *Jugement par défaut*, n° 70.

Cette distinction, qui serait rationnelle, n'est en effet écrite dans aucun texte.

Saisie immobilière et procédure d'ordre. — Une double exception existe, au contraire, en matière de saisie immobilière et d'ordre, bien que la jurisprudence ne soit pas unanime sur ce point. Pour la saisie immobilière, l'exception résulte de ce que l'opposition n'étant jamais possible, il n'y a pas lieu de prendre des précautions spéciales pour éviter ses inconvénients ordinaires. Et, en ce qui concerne la procédure d'ordre, on peut invoquer, à côté de ce même argument, cette raison particulière qu'en matière d'ordre, les divers créanciers ont des intérêts contraires et non un intérêt commun. Nous ajouterons, par analogie, l'hypothèse d'une distribution par contribution (1).

B. — *Contre quelles parties l'art. 153, recevra-t-il son application ?*

La réponse résulte des termes employés par l'article lui-même : « Si de deux ou plusieurs parties assignées l'une fait « défaut, l'autre comparaît », disposition nette dont on peut tirer deux règles distinctes. Il faut donc, pour que l'art. 153 puisse s'appliquer :

1° Qu'il y ait deux ou plusieurs parties ayant le même intérêt et assignées pour un même objet (2).

2° Que, parmi elles, les unes aient fait défaut et que les autres aient comparu.

1. M. Garsonnet, § 1005.
2. Il faut aussi qu'il n'y ait qu'une seule action. Dès qu'il y a deux actions distinctes, il n'y a pas lieu à défaut profit joint. (Req., 4 mars 1889, D. 90, I, 134).

Mais quelques remarques sont nécessaires sur chacune de ces deux conditions :

Première condition. — En ce qui concerne la première règle, il faut d'abord qu'il s'agisse de parties assignées (1). Encore faut-il (et cela résulte des motifs même de l'art. 154, et de son texte) qu'il y ait plusieurs défendeurs, que ces divers défendeurs aient tous intérêt à la contestation et que cet intérêt soit commun, sans quoi aucune contrariété de jugement ne serait à craindre. C'est ainsi qu'il n'y a pas lieu à réassignation, si une opposition à mariage ayant été signifiée à deux officiers de l'état civil, l'un d'eux fait défaut sur la demande en mainlevée ; de même lorsqu'un mari n'a été appelé en cause que pour autoriser sa femme et qu'il fait défaut (2). Mais la question est plus douteuse dans certains cas, notamment en matière de saisie-arrêt et de garantie. Sur le premier point nous admettrons que l'art. 153 n'est pas applicable, suivant en cela l'opinion de M. Garsonnet qui fait remarquer « qu'il n'y a aucun intérêt « commun, ni danger de contrariété de jugements, le saisi « pouvant être débiteur et le tiers saisi ne pas l'être et *vice* « *versa* », et que peu importe qu'on puisse objecter qu'il y a ici communauté d'instance et d'objet, sous le prétexte que l'instance en saisie-arrêt est *une* et indivisible.

1. Voir sur la question Caen, 22 août 1861, D. 62, V, 191 ; Civ. cass., 30 octobre 1889, D. 90, I, 81. La partie n'est pas considérée comme assignée, si elle l'a été inutilement ou si elle a été simplement appelée par le juge.

2. Lyon, 13 février 1828, D. A. *Mariage*, n° 318 ; Boitard, p. 339, n° 315 ; Nancy, 16 avril 1877, S. 79, II, 325, mais il n'en est pas de même si le mari est défendeur en même temps que sa femme, Bordeaux, 9 décembre 1890, D. 92, II, 92.

3. Chauveau Carré, quest. 621, 5°. M. Garsonnet, § 1005.

En matière de garantie les auteurs décident généralement que le tiers appelé en garantie n'est pas un défendeur
dont le défaut puisse donner lieu à application de l'art.
153, car il ne peut pas être réassigné, n'ayant pas été assigné (1). Cependant quelques arrêts décident le contraire,
sous prétexte que l'art. 153 est d'ordre public et que la
contrariété de jugements est aussi à craindre sur une
question de garantie qu'en tout autre matière. Mais cela
n'est pas suffisant, d'autant plus que cette contrariété exis-
tera malgré tout si la garantie est réclamée par voie principale (2) et que le garant est assigné, non pas par le demandeur primitif, mais par le défendeur.

Deuxième condition. — De tous ces défendeurs, quelques-uns seulement doivent avoir fait défaut (3). Il y aurait
donc lieu de ne prononcer que le défaut simple si aucun
d'entre eux n'avait comparu. C'est ce qui ressort du texte
qui déclare expressément que son application suppose deux
parties dont « l'une fait défaut, l'autre comparaît ».

Mais faut-il pousser jusqu'au bout cette interprétation
littérale et déclarer que la jonction ne sera plus nécessaire
dès que toutes les parties auront comparu, alors même que

1. Chauveau sur Carré, question 1581 *quater*, n° 1 (tome IV), citant Boncenne et tome II, quest. 621 ; Nancy, 18 mai 1872, D. 73,
II, 103 ; Alger, 30 mai 1892, D. 94, II, 50.

2. Poitiers, 4 mars 1828 ; Amiens, 18 avril 1826, D. A. *Jugement
par défaut*, n° 72.

3. Et il faut que le défaillant soit susceptible d'être condamné par
la juridiction saisie, sans quoi aucune contrariété de jugement n'é-
tant à craindre le défaut profit joint est inutile. Paris, 23 août 1870,
D. 71, II, 9.

quelques-unes d'entre elles auraient négligé de conclure ?
Il y a de puissantes raisons en faveur de l'affirmative.
D'abord, ce principe que des nullités ne sauraient être étendues par voie d'analogie, et aussi cette remarque, que le
défaillant ne peut être réputé ignorer la poursuite et que
la réassignation n'aurait aucune raison d'être (1). Cependant, l'opinion contraire nous paraîtrait devoir être admise,
car d'importantes considérations de fait militent en sa faveur ; la contrariété de jugement qu'on veut éviter, les
frais considérables qu'elle économise, l'esprit évident de
la loi et cette observation que la terminologie du Code n'est
pas toujours absolument exacte quand il emploie le mot
comparaître, témoin l'art. 154. — C'était ce que proposait
d'ailleurs, en 1826, la Chambre des avoués près la Cour
de Paris (2).

Troisième question. — Quelles sont les formalités prescrites par l'article 153 et comment doivent-elles être
accomplies ?

La première de ces formalités consiste en ce que un jugement doit être rendu qui constate le défaut et qui en réserve
le profit en le joignant au fond. Mais faut-il que cette jonction soit expressément prononcée, ou suffit-il, au contraire,
qu'elle résulte du jugement rendu et des circonstances de
la cause ? Nous adoptons cette dernière solution malgré un

1. Req., 17 août 1831 et 29 mai 1835, D. A. *Jugement par défaut,*
n° 79. M. Glasson à son cours (32e leçon environ).
2. En ce sens : Bruxelles, 26 avril 1831, D. A. *Jugement par défaut,*
n° 78.

arrêt de la cour de Lyon (1), car nous ne saurions croire que l'art. 153 ait voulu, en prescrivant la jonction, exiger que ce mot soit expressément reproduit dans le jugement, sous peine de nullité.

En second lieu, la loi prescrit de faire signifier ce jugement par un huissier commis... On suivra, à cet égard, les règles posées au titre précédent (2). La signification contiendra assignation au jour auquel la cause sera appelée, soit que l'assignation ait été donnée au délai ordinaire, soit qu'elle ait été donnée à bref délai ; le droit commun devant s'appliquer ici (3).

Quatrième question. — Quelles sont les sanctions que comporte l'art. 153 ?

Des irrégularités auront pu se produire, soit dans les jugements qui auront été rendus, soit dans la commission de l'huissier ou les significations par lui faites.

· A. Irrégularités dans les divers jugements et notamment défaut de jonction dans le premier jugement. Y a-t-il une sanction et quelle est cette sanction ?

Il est aujourd'hui certain que l'article 153 comporte une sanction et qu'elle consiste en la nullité du jugement rendu au mépris de cet article, de celui, par exemple, qui aurait immédiatement statué contradictoirement à l'égard du

1. Lyon, 15 décembre 1826, D. A. *Jugement par défaut*, n° 104 ; Chauveau Carré, II, question 632 *bis*.

2. Il a été jugé que dans ce cas on n'était pas forcé de commettre un huissier du ressort où doit avoir lieu la signification, Req. 18 juillet 1833, D. A. *ibid.*, n° 245.

3. La question cependant est controversée, M. Garsonnet, § 1004, note 24.

comparant et par défaut contre le défaillant. On l'avait nié,
sous le prétexte que l'article 153 ne prononce pas cette
nullité et que l'article 1030 défend de la suppléer ; mais,
d'une part, l'article 1030 s'applique aux exploits et non aux
jugements et, d'autre part, les termes impératifs de l'article 153 ne permettent pas le doute sur ce point (1). Mais
quel est le caractère de cette nullité ? Nous n'hésitons pas
à décider que c'est une nullité absolue, tenant à l'ordre
public et qui, comme telle, peut être invoquée en tout état
de cause et par toutes les parties (2).

La raison en est, que cette disposition concerne la bonne
administration de la justice, c'est pourquoi il est enjoint
aux juges de la prononcer même d'office et il est permis
au demandeur lui-même de se prévaloir de cette nullité.
Cependant, sur ce dernier point, les arrêts ne sont pas
unanimes et divers tempéraments ont été apportés à la
rigueur de la règle. C'est ainsi qu'on refuse ce droit au
demandeur, lorsqu'il n'a pas averti le juge du défaut de
l'une des parties ; d'autres arrêts ne permettent d'invoquer
la nullité que s'il est prouvé que les juges ont eu connaissance de ce défaut : mais ici encore les exigences varient
et certains veulent que cette connaissance résulte du procès
lui-même, alors que pour les autres, une information quelconque devait suffire (3).

1. Chauveau Carré, II, quest. 622.
2. Grenoble, 5 décembre 1890, D. 92, II, 337 et la note de M. Glasson citant divers arrêts dans ce sens. *Contrà*, Rodière, I, 315, D. A.
Jugememt par défaut, n° 60 ; Code pr. annoté, art. 153, n°s 150 et
suiv. Et en faveur de cette solution, Carré et Chauveau, quest. 622 ;
Boncenne, III, p. 36.
3. Req., 17 janvier 1881, D. 81, I, 145 et 19 juillet 1881, D. 82, I,

Cependant, il y a lieu de se demander si la partie qui a été condamnée par défaut, alors qu'on aurait dû ordonner sa réassignation, a alors la voie de l'opposition ; M. Glasson admet l'affirmative, contrairement à la solution d'un arrêt (1), et avec raison, car on ne saurait priver aussi arbitrairement, un plaideur d'une voie de recours ordinaire qui lui est accordé *par la loi*.

Cette même nullité absolue existe (et cela est d'autant plus naturel que le tribunal est alors sans excuse) lorsque la jonction, ayant été prononcée et le défaillant réassigné, la seconde décision intervenue a été néanmoins rendue par défaut (2).

B. Irrégularité dans la signification du jugement.

Nous ne parlons que de l'irrégularité spéciale au cas qui nous occupe. On suppose que la signification a été faite par un huissier non commis, et il est admis qu'elle vaudra en tant que signification, mais qu'elle n'aura pas pour résultat d'enlever au défaillant la voie d'opposition, alors même qu'elle serait faite par un huissier audiencier (3).

Cinquième question. — Quelle est la nature de chacun des jugements rendus ?

---

220 ; Civ. cass., 19 avril 1886, D. 86, I, 334 ; Cass., 30 octobre 1889, D. 90, I, 81 ; M. Garsonnet, § 1006, note 6 ; Boitard, 15e édition, n° 315. Cependant un arrêt de la cour de Paris du 14 décembre 1894, D. 92, II. 521, permet aux juges d'appel de déroger à l'art. 153, lorsque celui des intimés qui fait défaut a joué en première instance le rôle d'intervenant.

1. Arrêt de Grenoble précité.

2. M. Garsonnet, *op. et loc. cit.*

3. *Contrà*, Paris, 13 janvier 1883, D. 83, II, 98.

Le jugement de jonction n'est qu'un jugement préparatoire, on ne peut donc pas y former opposition et on ne
peut en appeler que si on appelle en même temps du jugement définitif. Cependant, il peut ordonner des mesures
conservatoires, mais s'il ordonne une mesure d'instruction
de nature à préjuger le fond, il deviendrait, de ce chef, interlocutoire et pourrait être frappé d'opposition.

Quant au jugement contradictoire rendu après jonction
et réassignation, sa nature sera étudiée en même temps que
ses effets.

Sixième question. — Effets du jugement rendu après
jonction et réassignation.

« Il sera statué par un seul jugement qui ne sera pas sus
« ceptible d'opposition », déclare l'art. 153 *in fine*. Le jugement qui sera alors rendu aura donc tous les caractères
d'un jugement contradictoire, et cela, que le défaillant se
soit ou non décidé à comparaître. Ses effets seront ceux
d'un jugement rendu après discussion entre les parties.
Peu importe que les juges aient déclaré simplement statuer
par défaut faute de conclure (1). Cette solution est certaine,
lorsqu'on l'oppose au défendeur qui a deux fois refusé de
comparaître, mais elle est controversée dans les autres
cas.

1° Et d'abord que décider lorsque le défaillant a constitué avoué après la réassignation, mais a ensuite refusé de
conclure ?

Nous n'hésiterons pas à appliquer ici l'art. 153, comme

1. Req., 11 janvier 1892, D. 93, I, 65.

nous l'avons déjà fait sous la deuxième question. Il n'établit aucune distinction, aussi n'y a-t-il pas lieu d'en créer une entre les deux sortes de défaut (1).

2° C'est une partie, qui avait comparu lors du premier jugement, qui fait défaut lors du second. Ici encore nous admettons que le jugement n'en sera pas moins réputé contradictoire. Le contraire choquerait à la fois la raison et l'esprit évident de la loi. « Ne serait-ce pas — dit Bon- « cenne — une belle création que cette théorie du défaut « joint avec son cortège d'oppositions à perte de vue » (2).

Peu importe, que la partie n'ait fait défaut qu'une fois et que les précautions n'aient pas été prises à son égard, elles étaient inutiles puisque le plaideur connaissait certainement la poursuite.

3° Enfin nous donnerons la même solution dans une dernière hypothèse, celle où, de trois défendeurs, l'un comparaît et conclut, l'autre s'abstient de conclure et le troisième, de comparaître. Nous déclarerons donc que, pour les mêmes raisons, le jugement intervenu après réassignation du non comparant (3) sera contradictoire à l'égard de tous, même à l'encontre de celui, qui a refusé de conclure à deux reprises différentes (4). Mais le jugement restera par défaut à l'égard du demandeur qui aurait refusé de conclure lors de cette dernière décision (5).

1. En ce sens : Riom, 28 juin 1822, 17 février 1826, D. A. *Jugement par défaut*, n° 102, *Contrà*, Rejet, 26 mai 1814, D. A. *ibid.*, n° 101.
2. Boncenne, III, p.41 et suiv. ; Boitard, n° 315, *Contrà*, D. A.*ibid.*, n° 110 citant Pigeau, I, p. 499 et Thomine, n° 182.
3. On ne réassigne pas celui qui a constitué avoué, Lyon, 30 juin 1887, D. 88, II, 59.
4. *Contrà*, M. Glasson à son cours.
5. Cass., 25 octobre 1887, D. 88, I, 76.

Troisième subdivision. — L'opposition est interdite à l'encontre du jugement par défaut qui aurait débouté d'une première opposition.

Cette règle, qui est très ancienne, et qu'on rencontre même dans le droit romain, est souvent traduite par la formule « opposition sur opposition ne vaut ». Elle est la conséquence de cette idée naturelle, qu'il ne faut pas éterniser les procès par des recours continuels, et résulte, dans notre Code, des articles 22 et 165.

Nous n'avons à nous occuper que de celui-ci, il dispose que :

« L'opposition ne pourra jamais être reçue contre un « jugement qui aurait débouté d'une première opposi- « tion ».

Cet article ne saurait être appliqué avec toute la généralité qu'il semble comporter à première vue, car cette interprétation conduirait à des conséquences inacceptables. Il y a, en effet, des hypothèses où la voie d'opposition ne saurait être refusée à une partie parce qu'elle a déjà formé antérieurement une autre opposition.

Nous proposerons donc la formule suivante comme l'expression de l'idée comprise dans l'art. 165.

L'opposition est interdite à toute partie condamnée par défaut sur l'opposition qu'elle avait formée à l'encontre d'un jugement antérieur déjà rendu par défaut, pourvu que le second jugement ait été rendu sur le même objet, entre les mêmes parties, et que l'instance n'ait pas été interrompue, « renouvelée pour ainsi dire » par un incident de procédure (1).

1. M. Garsonnet, § 1051, p. 474.

Il faut donc, en premier lieu, qu'il s'agisse de la même partie, de la même personne juridique qui a fait défaut dans la première instance. L'opposition sera donc permise à celui qui avait d'abord obtenu le jugement par défaut et qui s'était vu, ensuite, condamné lui-même par défaut sur l'opposition de son adversaire (1), ou encore au garant qui n'était pas partie dans la première instance et qui a fait défaut dans la seconde, ouverte sur l'opposition du premier défaillant (2 et 3).

La seconde condition concerne la cause elle-même ; l'affaire qui a été jugée une seconde fois par défaut, ne doit présenter aucune différence avec celle sur laquelle il avait été d'abord statué. Par exemple le second jugement par défaut, bien que réputé contradictoire, ne le serait pas en ce qui concerne celui de ses chefs sur lequel le premier jugement aurait sursis à statuer (4).

De même si les conclusions, sur lesquelles le défendeur opposant fait défaut faute de conclure, sont tout à fait distinctes des conclusions primitives (5), ou si la seconde instance est tout à fait différente de la première, comme l'opposition formée contre l'exécution d'un jugement con-

1. Boitard, nᵒ 339, p. 367.

2. Cass. civ., 3 août 1840, A. D. *Jugement par défaut*, nᵒ 200.

3. De même l'instance doit avoir eu lieu entre les mêmes parties. C'est ainsi qu'une seconde opposition serait possible, si le second jugement par défaut avait été rendu au profit d'une partie mise en cause par l'opposant au moment de son opposition. Cass., 25 frimaire an III. D. A. *Jugement par défaut,* nᵒ 197.

4. Tribunal de commerce de la Seine, 31 décembre 1835, D. A. *Jugement par défaut*, nᵒ 196.

5. Boitard, nᵒ 339.

firmé sur opposition (1) ou si deux défauts ont eu lieu successivement dans un jugement d'avant faire droit et dans
un jugement définitif, et que chacun de ces jugements ait
été frappé d'opposition (2). Dans tous ces cas, les deux oppositions seront successivement admises, bien que formées
par la même partie. Mais faut-il voir encore une exception
à la règle, dans l'hypothèse où les deux défauts ne se sont
pas succédé immédiatement et sans interruption, bien que
toutes les conditions, qui rendent l'opposition non recevable,
soient réalisées par ailleurs. La question est controversée, mais nous n'hésiterons pas à repousser cette dernière
exception, car l'art. 165, comme l'art. 22, a une portée générale, ils défendent deux oppositions sur la même question
et ne font aucune distinction à cet égard. En outre les faits
démontrent, dans les deux cas, que le défaillant a eu connaissance du jugement qui le menaçait ; et dans les deux
cas aussi, il y a lieu d'éviter les frais qu'entraînent les voies
de recours trop multipliées. Toutes ces raisons l'emportent
contre celles que peut faire valoir l'opinion adverse, et
qui se basent uniquement sur la rigueur trop grande qu'il
y aurait à ne permettre qu'un seul défaut dans une instance qui peut durer très longtemps (3), alors surtout que
le défaillant a montré son respect de la loi, en posant des
conclusions après avoir formé sa première opposition. Le
jugement d'avant faire droit, qui serait alors rendu contradictoirement, aurait donc pour effet de purger le vice ré-

1. M. Garsonnet, § 1051, note 22.

2. Cass., 5 mai 1857, D. 57, I, 247. L'art. 165 ne s'applique pas
lorsque les deux jugements ont été rendus, l'un sur un incident et
l'autre sur le fond.

3. Rennes, 12 juin 1817, D. A. *Jugement par défaut*, n° 198.

sultant du premier défaut et d'en permettre un second dans la suite. Mais il n'y a là que des considérations de fait qui ne peuvent prévaloir contre le texte formel de la loi.

D'ailleurs l'art. 165 s'appliquera à toutes les instances, mais, s'il suppose deux oppositions successives, il est bien entendu qu'il prend ce mot opposition dans son sens de voie de recours. Si donc, une opposition a été formée à un commandement, ou s'il s'agit d'une tierce opposition, il ne faudra pas se laisser tromper par une similitude de termes, et l'opposition devra être admise contre les jugements par défaut qui seraient intervenus à cette occasion.

De même, la règle dont il s'agit n'empêchera pas de renouveler (si l'on se trouve dans les délais) une opposition qui aurait été déclarée nulle en la forme (1), mais son application offre des doutes dans l'hypothèse où le second défaut s'est produit devant la juridiction de renvoi, après cassation d'un premier jugement par défaut (2).

1. M. Garsonnet, § 1051.
2. D. A. *Jugement par défaut*, n° 201.

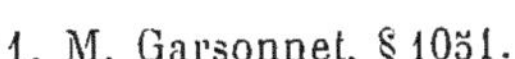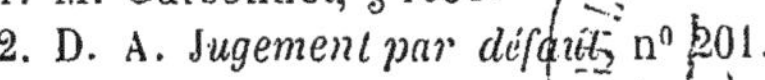

CHAPITRE II

La question doit être envisagée successivement au point de vue actif et au point de vue passif, il y aura donc lieu de diviser ce chapitre en deux sections.

Section I.

Par qui l'opposition peut-elle être formée?

Deux principes dominent cette matière, l'un commun à toutes les voies de recours sauf à la tierce opposition, l'autre, au contraire, particulier à l'opposition. Le premier consiste en ce qu'une décision judiciaire ne peut être attaquée que par celui qui a été partie ou représenté au procès, le second résulte de ce que l'opposition n'est ouverte qu'à celui qui a fait défaut dans la première instance (1). Cette

1. Mais elle est ouverte, même aux créanciers invoquant l'article 1167 lorsqu'ils étaient parties défaillantes dans l'instance où s'est produite la fraude qu'ils invoquent. Req., 4 février 1895, D. 95, I, 372.

dernière règle entraine comme conséquence, que l'opposition n'est pas permise au défendeur condamné contradictoirement, ni au demandeur qui aurait vu ses conclusions rejetées par le tribunal malgré le défaut de son adversaire (1).

Elle a donné lieu, aussi, à une controverse d'une nature toute spéciale, et de laquelle nous allons faire un exposé rapide.

On s'est demandé, en effet, si le ministère public était susceptible de se voir condamné par défaut et, partant de là, si la voie d'opposition devait lui être ouverte. L'affirmative est généralement admise aujourd'hui, cependant il y a sur cette question trois opinions différentes.

Certains auteurs (2) soutiennent que le ministère public ne saurait jamais faire défaut parce que, disent-ils, il est nécessairement présent à l'audience et que le tribunal ne peut juger valablement en son absence. Mais il est facile de comprendre que ce n'est pas là une raison suffisante pour le juger contradictoirement, alors qu'il n'oppose aucune résistance aux prétentions de son adversaire. Il est impossible d'admettre qu'il soit permis de sacrifier, à ce point, des intérêts très légitimes. Aussi, une seconde doctrine apporte-t-elle un tempérament à cette théorie, en décidant qu'il sera prononcé défaut contre le ministère public, mais qu'il ne pourra jamais s'agir que d'un défaut faute de conclure ; l'opposition du ministère public serait donc uniquement régie par les règles qui concernent cette espèce de défaut.

1. Bruxelles, 17 mars 1820 et 22 décembre 1814 ; Grenoble, 3 janvier 1826 ; D. A. *Jugement par défaut*, n° 203 et 204.

2. Ortolan et Ledeau, *Le ministère public en France*, tome I, p. 82 et 313.

Et les auteurs font remarquer, à ce sujet, que le ministère public étant dispensé de constituer avoué, et devant nécessairement être présent à l'audience, son refus de contredire la demande ou son abstention ne peuvent être considérés que comme un refus de conclure, car il n'est pas soumis à la fiction légale qui veut qu'une partie ne soit réputée présente au procès que lorsqu'elle l'est dans la personne d'un avoué (1).

Cependant cette doctrine ne saurait être admise, et il faut décider que le ministère public, comme un plaideur ordinaire, peut faire défaut en ne comparaissant pas aussi bien qu'en refusant de conclure.

Il est, en effet, certain qu'il ne faut pas entendre le mot « comparution » dans le sens d'une présence réelle, de la partie, à la barre du tribunal ; nous savons même que cette présence réelle n'empêcherait pas la condamnation par défaut si elle n'était pas accompagnée d'une constitution d'avoué. Qu'importe, dès lors, que le ministère public soit nécessairement présent à l'audience, cela n'implique nullement qu'il accepte le débat. Sans doute, il est dispensé de constituer avoué, mais ce n'est là qu'un privilège auquel il peut renoncer et qui, du reste, ne lui est accordé que parce que l'on suppose qu'il se substituera à l'avoué qui aurait pu occuper pour lui ; c'est son acceptation, expresse ou tacite, du débat soulevé, qui équivaudra à une constitution. S'il ne le fait pas, il doit être considéré comme n'ayant pas comparu.

Ces arguments paraissent suffisants pour faire prévaloir

____

1. M Alglave, *Action du ministère public en matière civile,* édition de 1874, tome II, p. 145.

cette dernière opinion, mais ce ne sont pas les seuls. M. Alglave, en effet, montre, en outre, que l'opinion adverse pourrait conduire à des résultats déplorables. Elle priverait le ministère public (et cela dans des causes, comme celles des femmes mariées ou des absents, pour lesquelles la loi montre une grande sollicitude) des garanties ordinairement accordées en cas de défaut contre partie (signification par huissier commis, opposition possible jusqu'à l'exécution, etc.) et laisserait la porte ouverte à toutes les fraudes qu'on a voulu éviter. Elle aurait aussi un inconvénient grave pour le demandeur lui-même, car le jeu des principes conduirait à accorder au ministère public un moyen facile de reculer le jugement de l'affaire (1).

Enfin les textes eux-mêmes s'opposent à ce qu'un jugement faute de conclure soit régulièrement prononcé dans l'hypothèse qui nous occupe.

En effet, la loi suppose, pour qu'un défaut faute de conclure puisse être prononcé, que la constitution d'avoué ayant eu lieu et le délai des défenses étant expiré, l'avoué a fait défaut sur l'avenir qui lui a été signifié. Or, si c'est le ministère public qui est défaillant, on pourra bien attendre l'expiration du délai de l'ajournement et de celui des défenses, mais ce sera toujours sur l'ajournement que le défaut sera pris, puisque tout autre acte qui aurait été signifié, devrait être considéré comme frustratoire.

Enfin, il faut convenir qu'il serait bien bizarre de prétendre qu'un défaut est prononcé faute de conclure, alors que le ministère public peut l'éviter par une simple constitution

1. Voir, pour les détails, M. Alglave, *op. cit.*, tome II, p. 161.

à l'audience, sans qu'il ait, pour cela, à déposer immédiatement ses conclusions.

C'est pourquoi, nous admettons que les deux sortes de défaut sont applicables au ministère public. Il en résultera que toutes les règles, qui les concernent, recevront ici leur application, sous réserve, toutefois, de quelques modifications qui peuvent résulter de la nature des choses. C'est ainsi, qu'en ce qui concerne l'opposition au jugement faute de conclure, l'acte d'avoué à avoué est remplacé par un acte analogue émanant du parquet.

En matière de défaut faute de comparaître, l'exécution ne sera pas réputée connue, parce qu'elle aurait eu lieu à l'audience, en présence d'un magistrat du ministère public, il faut, dans tous les cas, une signification au parquet. De même, la nature des choses s'opposera ici à l'application de certains des cas prévus par l'article 162, et la réitération par requête sera généralement inutile.

Enfin, l'opposition sera formée par l'un des magistrats ayant qualité pour agir au nom du ministère public, sans qu'on ait à tenir compte de ce que ce magistrat ne serait pas celui qui occupait le siège au moment où le défaut a été prononcé.

Telles sont les explications qui dérivent du second principe établi (1). Il faut, maintenant, examiner les questions qu'a fait naître l'application du premier.

Nous avons dit, que celui qui veut attaquer le jugement doit nécessairement avoir été partie au premier procès, ou y avoir été représenté, mais il est aussi admis, conformé-

1. Voir aussi, sur la question : note de M. Glasson sous Boitard, tome I, n° 317.

ment au droit commun, que le recours doit être accordé non pas seulement à la partie, mais aussi à ses représentants, et que ceux-ci, dans certains cas, auront ce droit d'action à l'exclusion de la partie elle-même.

C'est ainsi que, lorsqu'elle est incapable, son représentant, tuteur, conseil judiciaire, syndic ou autre, aura seul qualité pour se porter opposant, sans qu'il y ait à examiner s'il se trouvait déjà en fonctions lors du jugement par défaut (1). Réciproquement, si le jugement a été rendu contre un représentant valablement assigné, ce sera au représenté à user de la voie de recours que la loi met à sa disposition, si dans l'intervalle il a recouvré l'exercice de ses droits.

A l'égard des représentants légaux et conventionnels, il est nécessaire qu'ils jouissent véritablement de la qualité de représentants et aient les pouvoirs d'un *negotiorum gestor*. C'est ainsi que le curateur d'un mineur émancipé ne saurait former, seul, opposition à un jugement rendu par défaut contre celui qu'il a pour mission d'assister.

En ce qui concerne le mari représentant légal de sa femme, nous distinguerons suivant la nature des biens au sujet desquels s'est élevée la contestation. Il pourra donc agir lui-même ou devra se contenter d'autoriser sa femme à former opposition, suivant que l'action primitive, sur laquelle s'est produit le défaut, était telle qu'il pouvait ou ne pouvait pas agir personnellement.

Mais faut-il reconnaître au subrogé-tuteur le droit de

1. Mêmes solutions pour les administrateurs agissant au nom d'une personne morale ou d'une société, et pour l'héritier véritable en ce qui concerne les jugements rendus contre l'héritier apparent (Aubry et Rau, VIII, p. 577-578).

former opposition au nom du mineur ? La question est controversée et se présente, d'ordinaire, d'une façon plus générale, puisqu'elle est soulevée sur le droit d'action qu'il faudrait, en tous cas, reconnaître au subrogé-tuteur, quand, pour une raison quelconque, le tuteur se trouve dans l'impossibilité d'agir.

Nous n'hésiterons pas à reconnaître ce droit au subrogé tuteur, car c'est là une doctrine conforme à la raison et à l'esprit général de la loi, et qui réalise, en outre, une garantie indispensable (1) : mais il est permis de déplorer que le texte de l'art. 420 du Code civil, lui semble absolument contraire, puisqu'il restreint expressément le droit d'action du subrogé tuteur, en le bornant au cas où « les intérêts du « mineur seront en opposition avec ceux du tuteur ».

De même, et en vertu des termes très larges de l'art. 1166, nous accordons ce droit d'opposition aux créanciers du défaillant, exerçant ainsi l'action de leur débiteur lorsque celui-ci néglige de former lui même son recours (2).

La même solution devra être admise aussi en faveur des héritiers et successeurs, tant universels et à titre universel que particuliers, puisqu'ils ont acquis, en même temps que le patrimoine ou l'objet, les droits et actions qui y sont inhérents.

Mais une réserve doit être faite en ce qui concerne les successeurs particuliers. Ils n'auront droit à l'opposition que s'ils y ont intérêt, c'est-à-dire dans le cas seulement où le jugement par défaut, bien que rendu contre leur auteur.

1. Montpellier, 19 janvier 1832, D. A. *Appel civil*, n° 487.
2. Pigeau, *Procédure civile*, tome I, livre II, partie IV, titre I, chap. I, section I. *Contrà*, Rodière.

leur serait néanmoins opposable, ce qui ne peut arriver que si « leurs titres d'acquisition sont postérieurs à l'in-« troduction des instances liées avec leur auteur, ou ne sont « devenus efficaces à l'égard des tiers que depuis cette épo-« que (1) ».

Que décider si l'action a été dirigée contre le successeur particulier, l'acheteur par exemple, et qu'il ait appelé son cédant en garantie formelle ? Il a, on le sait, le choix entre trois partis : il peut se faire mettre complètement hors de cause et obliger le garant à défendre à sa place ; il peut au contraire rester dans l'instance, en qualité de défendeur, en ne demandant au garant qu'à se joindre à lui ; il peut enfin prendre un parti intermédiaire et, tout en abandonnant la défense, conserver néanmoins avoué en cause pour surveiller.

Dans le premier cas, il est de principe que le garanti, mis hors de cause, n'en reste pas moins tenu de se prêter à l'exécution du jugement, il est tiers en ce sens que le jugement ne devra pas lui causer préjudice, mais il n'est pas un véritable tiers, car il est, dans l'instance, *représenté* par le garant. D'une part le jugement lui est donc opposable, d'autre part il est réputé représenté dans l'instance ; il faudrait donc lui reconnaître le droit de former opposition à la décision rendue à l'encontre du garant défaillant. La même solution s'impose, pour les mêmes raisons, quand il s'est borné à constituer avoué en surveillance, d'autant plus qu'on lui reconnaît dans cette hypothèse le droit de reprendre très facilement un rôle actif dans l'instance.

1. Aubry et Rau, *Cours de droit civil français,* tome VIII, p. 373.

Vient maintenant le cas où le garanti est resté en cause (1). La situation est alors différente. Dans les cas précédents, en effet, le garant est devenu le véritable adversaire
du demandeur principal (2), qui a pu dès lors prendre défaut contre lui. Mais, dans l'hypothèse qui nous occupe
actuellement, on peut objecter qu'il ne saurait le faire, car
une partie ne peut pas prendre défaut contre une personne
qu'elle n'a pas appelée en justice (3). Or la mise en cause
du garant est le fait du garanti et n'a aucune influence sur
l'action principale (4). Mais il faut supposer pour cela que
le demandeur a négligé de mettre en cause, par un ajournement, le garant qui ne se trouve ainsi en cause que vis-
à-vis du garanti. Et c'est en ce sens seulement que le demandeur principal ne peut pas déposer de conclusions
contre lui.

D'ailleurs, cela n'empêche pas le garant d'être partie au
procès, il est certain aussi qu'il y a un intérêt évident, c'est
pourquoi on doit lui reconnaître le droit de s'opposer au
jugement par défaut qui condamnerait son ayant cause.
Mais cette solution doit-elle être étendue de la garantie incidente aux cas de garantie principale ; en d'autres termes,
lorsque l'acheteur a négligé d'appeler en cause son ven-

1. En observant que c'est l'hypothèse unique en matière de garantie simple et que la situation est la même dans les deux cas.
2. Sur tous ces points, cours de M. Glasson.
3. Dijon, 14 juin 1880, S. 81, II, 126 ; M. Glasson, note sous Boitard, I, n° 312. Cette solution résulte aussi d'un arrêt de la Cour d'Alger du 30 mai 1892, qui décide que le défaut profit joint ne peut être
accordé au demandeur principal lorsque le défaillant est un garant
appelé en cause et que son opposition sera toujours reçue, même si
le profit joint a été prononcé.
4. Abstraction faite de l'exception dilatoire.

deur, celui-ci pourra-t-il, malgré tout, former opposition à la place de son ayant cause défaillant ?

La négative parait résulter de ce que, d'une part, il n'était pas partie au procès et, qu'en outre, il n'a pas un intérêt suffisant dans l'affaire ; l'obligation de garantie ne peut pas en constituer un, dans l'espèce, car il lui sera toujours facile de s'en faire exonérer en prouvant que le garanti a eu tort de ne pas former opposition. D'un autre côté, l'opinion adverse, que nous préférons, se prévaut de ce qui est décidé en matière de garantie incidente. Nous ajouterons que le vendeur, par exemple, peut avoir un avantage très réel à former immédiatement. opposition ; il vaut mieux, pour lui, empêcher une éviction que de s'exposer à une action récursoire, alors même qu'il espérerait triompher sur cette action ; d'autant plus qu'il n'est peut-être pas certain de prouver, sur la demande en garantie principale, que son acheteur s'est mal défendu (1).

Que faut-il décider en matière d'obligation solidaire, d'obligation indivisible et de cautionnement ?

La question n'est pas ici de savoir à qui peut profiter l'opposition formée, ce qui sera étudié à propos de ses effets. Nous recherchons si un débiteur ou un créancier solidaire, si un codébiteur ou un cocréancier partie dans une obligation indivisible, ou enfin si une caution peut former opposition au jugement rendu par défaut contre son cointéressé ; autrement dit, la partie qui nous occupe a-t-elle été représentée, dans le procès, par le défaillant condamné ?

La question est douteuse et deux opinions sont en pré-

1. On pourrait supposer un défaut en cause d'appel.

sence. Nous les examinerons principalement en ce qui concerne l'obligation solidaire du côté des débiteurs.

Il faut, au préalable, mettre en dehors de toute controverse plusieurs points qui ne font pas de doute. C'est ainsi que le jugement rendu sur une exception commune profite à tous les codébiteurs solidaires s'il est en leur faveur, bien que la question n'ait été jugée qu'avec un seul d'entre eux (1), hypothèse que nous n'avons pas d'ailleurs à envisager, puisque nous supposons qu'il s'agit d'un jugement qu'on cherche à leur opposer. De même dans le second cas, il est admis que les exceptions personnelles du codébiteur solidaire empêcheront qu'on fasse valoir contre lui un jugement obtenu contre son codébiteur. Il fait, par exemple, remarquer que la dette est éteinte à son égard. Ici encore, il n'aurait aucun intérêt à attaquer le jugement obtenu.

Toute la question se résume donc dans le cas où c'est une exception réelle qui a été repoussée. Nous supposerons que le codébiteur ayant fait défaut, le droit de son adversaire a été reconnu malgré l'existence de cette exception, puisqu'elle n'a pas été proposée, et nous nous demanderons si la décision rendue a autorité de chose jugée à l'encontre des cointéressés du défaillant. Si oui, il faudra bien leur permettre d'y former opposition, si non, leur opposition serait inutile.

Nous n'entrerons pas dans les détails de la discussion qui concerne exclusivement la théorie de la solidarité ; nous nous bornerons à exposer rapidement les divers arguments qui ont été présentés.

1. Aubry et Rau, tome VIII, p. 379 et suiv., note 52.

Une première opinion n'hésite pas à déclarer opposable à tous les codébiteurs solidaires (1) le jugement rendu entre le créancier et un seul d'entre eux, et par voie de conséquence à leur donner à tous le droit d'opposition contre ce jugement. Cette solution résulte, dit-on, de ce que la loi a établi entre les codébiteurs solidaires un mandat réciproque et tacite, par suite duquel tout ce qui est fait par l'un d'eux est réputé fait par les autres. Ce mandat ressort de différents articles du Code civil, notamment, les articles 1206, 1207, 2249, 1281, 1284 et 1365, alinéa 4 ; il a pour conséquence, que les poursuites faites, la demande d'intérêts formée, l'interruption de prescription réalisée contre l'un d'eux, produisent leur effet à l'égard de tous, et en sens inverse que la novation accomplie, la remise complète de dette accordée, le serment décisoire déféré, à l'égard de l'un d'entre eux, ont effet à l'égard de tous. Exemples qui paraissent bien dériver d'une règle générale tacite.

Cependant, nous n'hésitons pas à donner la préférence à l'opinion adverse qui se résume ainsi (2) :

Le cointéressé solidaire ne saurait être représenté par l'autre partie litigante, que dans les jugements qui ont rendu sa condition meilleure et non dans ceux qui l'ont rendue pire.

Dans ce cas, la voie de l'opposition ne lui serait pas ouverte puisque, dans cette hypothèse spéciale, la partie devrait être considérée comme un tiers, que le jugement rendu n'aurait pas contre elle l'autorité de la chose jugée,

1. La question peut être étendue à tout cointéressé solidaire.
2. Aubry et Rau, *op. et loc. cit.*

et qu'il faudrait dès lors, pour lui en faire subir les effets,
obtenir contre elle un nouveau jugement dans le même
sens.

En effet, ce mandat réciproque, qu'on pose en principe,
ne résulte pas de la nature des obligations solidaires (1).
L'objet sans doute est unique, mais les liens juridiques
sont cependant multiples ; il en résulte que l'exception
réelle, qui est unique quand on la considère vis-à-vis de
l'objet, est multiple en ce sens qu'elle appartient à tous les
intéressés et que chacun d'eux peut l'invoquer séparément.
Restent les textes. Or, parmi eux, il faut reconnaître que
ceux qui concerneraient le mandat d'améliorer la position
commune sont assez concluants, mais il n'en est pas de
même des autres. Deux d'entre eux (art. 1206 et 2249)
concernent la conservation des droits du créancier, et il est
naturel que pour conserver un droit unique qu'il peut
exercer contre l'un quelconque de ses débiteurs, il n'ait
pas besoin d'agir contre tous : il n'en résulte donc pas
qu'il puisse, en agissant contre un seul, aggraver la situation des autres. Quant à l'art. 1207, on fait remarquer que
c'est une disposition tout exceptionnelle dont on ne saurait
par conséquent tirer un principe général.

En résumé, nous dirions avec nos auteurs (2) : « Qu'un ju-
« gement rendu avec l'un des codébiteurs n'a pas plus
« pouvoir de lier ceux des débiteurs qui n'y ont pas figuré,
« qu'ils ne pourraient l'être par une renonciation volon-
« taire de leur codébiteur à une exception qui leur est

1. Aubry et Rau, *loc. cit.*
2. Aubry et Rau, *loc. cit.*

« commune » et, par voie de conséquence, ils n'ont pas le droit de former opposition à ce jugement.

La même solution s'étend naturellement au cas où il s'agit de cocréanciers solidaires.

De même pour la caution, elle n'aurait ce droit d'opposition que si « elle n'était admise à faire valoir les excep-
« tions relatives à l'existence de la dette que du chef du
« débiteur principal et comme exerçant ses droits et actions,
« puisque dans cette supposition la caution aurait été,
« comme ayant cause du débiteur principal, représentée
« par ce dernier dans les jugements intervenus entre lui
« et le créancier. Mais cette supposition est inexacte ;....
« la caution peut faire valoir ces exceptions en son nom
« personnel.... pour contester l'existence ou la validité de
« son engagement personnel » (1) (qui est naturellement lié au sort de l'obligation principale.)

Il en résulte que, n'ayant pas été représentée, elle est un tiers à cet égard, et que le jugement ne lui étant pas opposable elle n'a pas besoin de recourir contre lui.

Controverse aussi pour les codébiteurs d'une dette indivisible, mais la décision donnée en matière de solidarité doit être « *a fortiori* » appliquée ici (2). Même controverse et même solution pour les copropriétaires d'un immeuble indivis, lorsqu'un jugement concernant l'existence d'une servitude active ou passive a été rendu contre l'un d'eux au sujet dudit immeuble (3).

C'est pour une raison analogue que le droit d'opposition

1. Aubry et Rau, *op. et loc. cit.*, note 50.
2. *Ibid.*, note 53.
3. *Ibid.*, note 54.

est refusé à l'usufruitier, à l'encontre des jugements rendus
par défaut contre le nu propriétaire. Il est en effet un tiers
à l'égard de ces jugements puisque sa qualité de propriétaire
de l'usufruit lui permet de méconnaître tout jugement qui
ne le condamne pas personnellement. Il n'a donc pas d'intérêt et par conséquent pas d'action (1).

Telles sont les questions soulevées au sujet du mandat
légal. En ce qui concerne le mandataire conventionnel, il
n'y aura lieu qu'à application pure et simple des principes
généraux du mandat. Mais le mandataire devra, dans tous
les actes de procédure, faire figurer le nom de son mandant, et les jugements qui interviendront seront rendus pour
ou contre celui-ci. C'est la conséquence de la règle « nul
en France ne plaide par procureur » (2).

Section II.

Contre qui l'opposition doit-elle être dirigée ?

Il y a lieu d'appliquer ici les mêmes règles que celles
établies dans la section précédente. L'opposition sera formée
en principe contre celui qui a obtenu le jugement par défaut ou contre ses représentants conventionnels ou légaux
si le demandeur originaire est absent, décédé ou a perdu

1. D. A. *Appel civil*, n° 534. Il aurait au contraire le droit d'opposition si on ne lui reconnaissait qu'un droit personnel de créance
contre le nu-propriétaire.
2. Boitard, Colmet Daage et Glasson, 15e édition, n° 149.

sa capacité d'agir. Dans le cas de décès on agira contre l'héritier ou tout autre successeur universel, encore que l'objet litigieux soit passé entre les mains d'un acquéreur, donataire ou légataire particulier (1), étendant, d'une façon générale, celles des décisions données précédemment, qui résultent de cette idée que le recours est dirigé contre la même partie juridique qui a obtenu le premier jugement, et par conséquent l'opposant devra mettre en cause toutes les parties qui ont obtenu le premier jugement. La même controverse concernant la solidarité, l'indivisibilité, etc. est soulevée et nous admettrons la même solution bien que l'argument basé sur le mandat réciproque des cointéressés solidaires et que la nature même des choses en matière d'indivisibilité puisse être invoqué ici avec quelque force. Mais nous répondrons, comme dans la section précédente, que la décision qui serait obtenue n'aurait pas force de chose jugée à l'encontre des parties qu'on n'a pas mises en cause (2). En tous cas cette solution ne saurait être contestée dans une hypothèse spéciale où, malgré l'indivisibilité, les intérêts des parties n'en restent pas moins distincts, comme cela a lieu lorsque cette indivisibilité n'existe qu'à l'égard de la partie condamnée. L'opposant doit alors agir contre tous les bénéficiaires du jugement, car il ne pourrait tirer aucune utilité de la décision obtenue contre un seul

1. D. A. *Appel civil*, n° 616 et suiv. M. Pigeau, *op. et loc. cit.*, décide cependant qu'il faut agir à la fois « contre les successeurs uni-« versels pour avoir les fruits échus du temps de leur auteur et les « frais, et contre le successeur particulier pour obtenir les fruits re-« cueillis par lui et les frais faits contre lui. »

2. En sens inverse, D. A. A*ppel civil*, n° 622 et suiv. et les arrêts cités par Crépon, *Traité de l'appel en matière civile*, tome I, n° 1711.

d'entre eux. Telle serait la situation de celui qui, réclamant un droit de passage sur les fonds de deux de ses voisins et s'étant vu débouté de sa prétention par un jugement par défaut, ne dirigerait son opposition que contre un seul des deux défendeurs primitifs (1).

1. D. A. *v° cit.*, n° 630.

CHAPITRE III

DANS QUEL DÉLAI L'OPPOSITION DOIT-ELLE ÊTRE FORMÉE

Pour fixer ce délai, le législateur devait tenir compte
de considérations diverses ; il lui fallait protéger le défaillant, sans pour cela favoriser les fraudes. Sous ce prétexte,
l'ordonnance n'avait, dans tous les cas, accordé qu'un délai
de huitaine. C'était trop rigoureux lorsque le défaillant
n'avait pas comparu, aussi nos législateurs n'ont-ils conservé cette limite que là où elle était raisonnable, c'est-à-
dire dans le seul cas du défaut faute de conclure. Dans la
seconde hypothèse, ils ont établi un système tout spécial :
l'opposition sera possible pendant un certain temps, variant
entre huit jours et six mois, mais qui dans cette limite est
laissé à la discrétion du demandeur.

Aussi, s'est-on demandé s'il y avait alors véritablement
un délai d'opposition. Sans doute, la loi, dans divers
articles (art. 2215 C. Civ., 257, 455 et 548 Pr.), ne fait, en ce
qui concerne le délai, aucune distinction entre les deux
genres de défaut. Mais il est permis de croire (et le texte
même de certains de ces articles est conforme à cette interprétation) que les législateurs, oubliant leur réforme,
avaient toujours dans l'esprit les dispositions de l'ordon-

nance, et avaient alors en vue un délai unique de huitaine. Nous admettrons donc, que par délai d'opposition, la loi entend le délai accordé au défaillant qui n'a pas conclu, et nous ne l'étendrons à l'autre hypothèse que pour la commodité du langage.

Section première.

Du délai d'opposition en cas de défaut faute de conclure.

« Art. 157. — Si le jugement est rendu contre une partie « ayant un avoué, l'opposition ne sera recevable que pen- « dant huitaine à compter du jour de la signification à « avoué. »

La loi établit donc ici un délai fixe et qui paraît nettement limité. Cependant, il n'est pas sans soulever un certain nombre de questions.

Quant à son point de départ, d'abord, la loi est précise : c'est le jour de la signification à avoué. On présume avec raison que la partie, qui a eu certainement connaissance de la poursuite, sera suffisamment prévenue par la signification faite à son mandataire légal. Cette signification est nécessaire (1), mais elle n'est soumise à aucune forme spéciale. C'est ainsi qu'elle n'a pas besoin d'être faite par un huissier commis, ni même par un huissier attaché au même

_____

1. Il importerait peu, qu'en son absence, il soit prouvé que le défaillant a eu, par tout autre moyen, connaissance du jugement par défaut (Req., 5 mai 1813, D. A., *Jugement par défaut*, n° 228).

degré de juridiction que l'avoué auquel il signifie le jugement (1), il en résulte qu'on n'est pas obligé d'employer
le ministère d'un huissier audiencier et que, par conséquent, on pourra se dispenser d'user de la forme d'un
acte d'avoué à avoué (2), bien qu'il soit plus prudent de
le faire.

Mais, par contre, cette signification est soumise aux
règles ordinaires, et elle ne fera courir le délai que si elle
est datée (3), et à l'encontre seulement des parties qu'elle
désigne (4).

La seconde question qui se présente à ce sujet, concerne la durée exacte du délai dont il s'agit. La loi dit
bien que ce délai sera de huitaine, mais on se demande :

1° Si cette huitaine est franche ?

2° Si elle est susceptible d'une augmentation à raison des
jours fériés qui pourraient s'y trouver contenus ?

Sur le premier point nous admettrons, conformément à
l'opinion la plus générale, que le délai n'est pas franc et,
qu'en conséquence, il ne se composera que de huit jours
pleins, non compris le jour de la signification. Cette solution a le mérite de ne pas sortir des termes de la loi qui
veut que l'opposition soit formée DANS la huitaine ; elle
n'est pas en contradiction avec l'article 1033, qui ne reconnaît la qualité de délais francs qu'à ceux qui ont pour point
de départ une signification à personne ou à domicile et non
une signification à avoué ; elle est aussi conforme à la rai-

1. Bruxelles, 1er août 1810, D. A., *ibid.*, n° 245.
2. *Contrà*, Rodière, I, p. 300.
3. Grenoble, 28 juin 1892, D. 93, II, 343.
4. Aix. 9 février 1867, D. 67, V, 255-256.

son, car s'il est convenable d'accorder toutes facilités à un
plaideur livré à lui-même, cette solution serait illogique,
lorsque la partie est assistée des conseils de son avoué (1).
Elle a enfin le mérite de concorder exactement avec l'opinion que nous avons admise en ce qui concerne le délai
suspensif et l'on pourra dire qu'en cas de défaut faute de
conclure, le délai d'opposition est tout entier suspensif
d'exécution (2), bien qu'en réalité ces deux délais soient
tout à fait différents quant à leur nature. Nous ferons
cependant remarquer que la plupart des auteurs, qui par-
tagent notre opinion, déclarent néanmoins que la huitaine
de l'article 155 est toujours franche (3).

La même discussion s'est élevée, sur l'augmentation,
qu'à raison des distances, il conviendrait de faire subir au
délai d'opposition. Partant du même principe, nous refu-
serons cette augmentation, d'autant plus que l'avoué, ayant
son domicile au siège même du tribunal, n'a besoin pour
agir d'aucun supplément de délai (4).

La deuxième question a donné lieu à des controverses
beaucoup plus vives, elle a même provoqué plusieurs in-
terventions législatives.

On sait que la loi (art. 1037) interdit en principe aux
officiers ministériels de se livrer, les jours de fête légale, à

1. Pigeau, *Comm.*, I, 357-358 ; Thomine Desmazures, I, 299-300 ;
Pigeau, *Pr. civ.*, I, 370 ; Chauveau Carré, II, quest. 652 ; Bonnier,
p. 543 ; Boncenne, III, p. 138 ; M. Garsonnet, V, § 1025 ; Bordeaux,
18 avril 1828, S. 28, II, 283 ; Chambéry, 5 mai 1877, D. 77, II, 239.
Contra, Cass., 21 nivôse an IX, S. I, p. 390 ; Nîmes, 22 décembre
1807, S. 1807, II, 643.
2. M. Garsonnet, V, § 1015 ; Ch. Carré, quest. 636-637.
3. *Ibid.*
4. Pigeau, *op. et loc. cit.*, (*Commentaire*).

un acte quelconque de signification ou d'exécution. Il en résultera que le délai accordé pourra se trouver, en fait, sensiblement diminué. Cependant la question n'était pas sérieusement discutée en ce qui concerne les jours intermédiaires et l'on décidait que leur qualité de jours fériés ne pouvait avoir aucune influence sur la durée du délai prescrit. Toute la question était, en général, restreinte au cas où le jour férié se trouve être le dernier du délai légal. Fallait-il en tenir compte ou, au contraire, en faire abstraction ? La question est définitivement tranchée aujourd'hui (il faut du moins l'espérer), aussi nous bornerons-nous à en esquisser rapidement les termes.

On peut à ce sujet distinguer trois périodes :

Jusqu'en 1862, l'art. 1033 se bornait à déclarer que les délais accordés pour tous les actes, dont le point de départ est une signification à personne ou domicile, étaient francs et sujets à augmentation à raison des distances. Nulle disposition ne concernait les jours fériés et la question se posait d'une façon générale, s'il fallait proroger au lendemain le délai dont le dernier jour se trouvait ainsi inutile. On excluait de la controverse les délais se calculant par mois ou par année et on leur refusait toute prorogation (1). Pour les autres on faisait remarquer, d'un côté, que la loi, par son silence, semblait refuser l'augmentation du délai, puisque par exception elle l'avait accordée dans certains cas (art. 162 C. com. et 25 de la loi du 22 frimaire an VII) ; qu'en outre elle permettait, en cas d'urgence, d'obtenir du juge la permission de faire ces actes, même un jour de fête,

1. Thomine, II, p. 706.

et que la partie était en faute de s'être laissée acculer au
dernier jour du délai. On pouvait ajouter qu'il n'y avait
pas impossibilité légale d'agir, puisque, par application de
l'art. 1030, l'acte signifié un jour de fête devait être considéré comme valable dans tous les cas (1). Mais l'opinion
adverse avait en sa faveur des considérations de fait. La
partie a droit à la totalité du délai, et l'intervention d'un
principe étranger ne peut pas le lui réduire (2). Ce dernier
remède, qu'on trouve dans la permission extraordinaire
accordée par le juge, est insuffisant, car ce juge peut se
trouver absent. En outre, les fonctionnaires publics ne sont
pas tenus de se déranger un jour férié (3).

C'est pour consacrer complètement cette dernière doctrine qu'est intervenue la loi du 3 mai 1862, qui a ajouté à
l'art. 1033 (4) un paragraphe aux termes duquel « si le
dernier jour du délai est un jour férié, le délai sera prorogé au lendemain ».

On espérait que la controverse allait disparaître. Elle ne
fut que transformée et restreinte. En effet, pour ne pas
déranger le numérotage du Code, les auteurs de la loi l'a-
vait réduite à une simple disposition ajoutée à l'art 1033.
Sans doute les travaux préparatoires étaient formels, on
avait voulu faire de la loi une règle générale (5), et une loi
postérieure, du 2 juin, consacrait implicitement cette solu-

1. En ce sens : Dijon, 3 juillet 1895, D. 96, II, 287, sauf amende
contre l'huissier contrevenant.
2. Voir Chauveau Carré, quest. 651 *bis*, voir aussi M. Garsonnet,
op. cit., V, § 1028.
3. Cass., 8 août 1893, D. 94, I, 233.
4. Qu'elle avait aussi modifié sur d'autres points.
5. Rodière, I, p. 301.

tion ; la raison même la commandait puisque sans cela on aurait refusé aux délais les plus courts cette prorogation que l'art. 1033, dans sa nouvelle rédaction, accordait formellement à des délais plus longs. Malheureusement l'examen littéral de l'article, tel que l'avaient transformé les législateurs de 1862, commandait la solution absolument contraire. Ils posaient dans cet article des règles spéciales aux délais francs, il en résultait que le dernier alinéa concernant les jours fériés, ne pouvait être considéré que comme une disposition particulière, ne s'appliquant que dans les cas prévus par ledit article 1033.

Quoi qu'il en soit, la jurisprudence était divisée (1), les uns n'hésitant pas à faire prévaloir les motifs sur le texte, les autres le texte sur les motifs. C'est pour mettre fin à cet état de choses qu'est intervenue la loi des 13-17 avril 1895 (2).

Elle dispose : « Article unique. L'article 1033 § 5 du Code « de procédure civile est remplacé par la disposition sui- « vante : Toutes les fois que le dernier jour d'un délai « quelconque de procédure, franc ou non, est un jour fé- « rié, ce délai sera prorogé jusqu'au lendemain ».

Cet article est maintenant formel, on ne distinguera plus

1. Voir : Poitiers, 11 août 1863, D. 65, II, 96 ; Chambéry, 6 décembre 1865, D. 66, V, 274 ; Cass. civ., 19 mars 1888, D. 88, V, 249 ; Paris, 11 décembre 1890, D. 91, II, 274 et les arrêts cités au *Supplément du code de procédure civile annoté* (Dalloz). *Contrà*, Cass. civ., 31 décembre 1883, D. 84, I, 179 ; Lyon, 7 mai 1886, D. 94, II, 352 ; Caen, 2 avril 1890, D. 93, II, 64 ; Agen, 23 janvier 1894 et Villeneuve-sur-Lot, 17 mai 1892, D. 94, II, 352 ; Req., 4 juillet 1894. D. 94, I, 381 ; Tribunal des conflits, 28 juillet 1894, D. 95, III, 82. Ces arrêts traitent la question d'une façon générale.

2. Sur la proposition de M. Sauzet.

entre les délais prévus par l'art. 1033 et ceux qui n'y étaient
pas compris ; de même, il est certain que la loi nouvelle
ne saurait avoir effet que dans l'avenir, ce qui est conforme
aux principes généraux (1) et dérive aussi du mot « sera »
substitué, à dessein, par le Sénat au mot « est » qu'avait
employé la Chambre des Députés (2). Mais, à côté de ces
points certains, n'y a-t-il plus place à controverse ? il était
permis d'en douter, et les faits ont donné raison à ces prévisions pessimistes.

Le texte adopté par la Chambre différait, en effet, de
celui qui a pris place dans la loi. On y lisait:

« Toutes les fois que le dernier jour d'un délai quelcon-
« que, franc ou non est un jour férié, ce délai est prorogé
« jusqu'au lendemain. »

Or, sous prétexte de précision, le Sénat décida que les
mots « de procédure » seraient ajoutés et il en résulte qu'on
aura ainsi fait naître de nouvelles difficultés à la place des
anciennes. Sans doute les travaux préparatoires sont assez
nets, il a été affirmé par le rapporteur au Sénat, M. Grivart,
que, « par délais de procédure, on entend ceux qui sont
« impartis par des lois ayant le caractère de lois de procé-
« dure, ces lois peuvent être indépendantes du Code de
« procédure, mais ce sont toujours des lois qui règlent
« l'action (3)..... mais les délais établis par le droit civil ou

1. Bien qu'il eût peut être été bon d'y déroger en la matière. Observation de M. Sauzet à la Chambre des députés.

2. Travaux préparatoires, note sous l'arrêt du 28 juillet 1894, D.
95, III, 82, renvoyant pour complément à la discussion de la loi rap-
portée au même volume, IVᵉ partie, p. 71. Renvois divers au *Journal officiel*.

3. Travaux préparatoires.

« qui résultent des contrats ne bénéficieront pas de la pro-
« longation ».

Des exemples nombreux ont été cités, qui permettront
sans doute d'éviter certaines controverses (1) ; c'est ainsi
qu'on a admis que la prolongation s'appliquerait à certains
délais, qu'on doit considérer abstraction faite de toute instance engagée. Malgré tout, on ne relèvera pas moins certaines conséquences bizarres de cette disposition, notamment, comme le faisait remarquer M. Sauzet, une différence
assez inexplicable entre le terme de droit et le terme de
grâce (2).

De même, en ce qui concerne la portée exacte de la loi,
une décision est déjà intervenue qui a refusé de l'appliquer aux matières correctionnelles, malgré le sens très large
qu'on peut donner aux paroles de M. Grivart (3).

Quoi qu'il en soit, la controverse peut être considérée
comme terminée en ce qui concerne la matière qui nous
occupe. Le délai de huitaine donné à l'avoué pour former
opposition sera donc toujours prorogé au lendemain lorsqu'il expirera un jour férié.

Le délai court du jour de la signification à avoué. Mais la
partie défaillante n'est pas obligée d'attendre que cette signification ait eu lieu, dès que le jugement a été rendu, le
condamné peut y former opposition et il a intérêt à le faire
pour éviter des frais qui deviendraient dès lors inutiles et
frustratoires (4).

1. Travaux préparatoires, rapports, D. *loc. cit.*
2. Travaux préparatoire, *loc. cit.*
3. Lyon, 3 juillet 1893, D. 96, II, 62.
4. M. Garsonnet, § 1026.

Cependant le délai tout entier lui appartient et son adversaire ne pourrait pas le restreindre par des actes d'exécution accomplis avant l'expiration des huit jours (1). Ces actes d'exécution seraient d'ailleurs illégaux en matière civile et, par conséquent, frappés de nullité.

Telles sont les règles applicables à la situation normale, celle où les deux avoués sont restés en fonctions jusqu'à l'expiration du délai. Mais il n'en est pas toujours ainsi ; l'un des avoués ou tous les deux peuvent cesser leurs fonctions, leur mandat peut être révoqué, les parties peuvent mourir, et l'on comprend que ces évènements ont une certaine influence sur le cours du délai d'opposition.

Pas de difficulté si l'évènement ne se produit qu'après l'expiration du délai, ou lorsque l'opposition a déjà été formée, car dans ces cas le délai n'est plus susceptible d'aucune augmentation, mais il n'en est pas de même dans les autres hypothèses.

Nous supposons alors, pour plus de simplicité, qu'un seul des avoués est sorti de charge, et cependant des distinctions sont nécessaires.

En premier lieu, nous nous placerons dans l'hypothèse où le délai n'a pas encore commencé à courir, parce que le jugement n'a pas été signifié, et nous considérons d'abord, le cas où c'est le demandeur qui a perdu son avoué.

La signification devant être faite à un avoué doit, par conséquent, l'être à la requête de l'avoué du demandeur (2).

---

1. M. Garsonnet, § 1028 et la note.

2. C'est la solution adoptée en pratique sans aucune discussion, cependant elle offre une contradiction avec la jurisprudence que nous avons reproduite et d'après laquelle (Bruxelles, 1er août 1810,

Aussi, dans la plupart des cas, le demandeur qui a intérêt à rendre au plus tôt définitif, le jugement qu'il a obtenu (1), s'empressera de constituer un nouvel avoué (2) à la
requête de qui sera faite la signification indispensable, contenant déclaration, par le nouvel avoué, de sa constitution
à la place de celui qui a cessé d'exister. Tout se trouvera
remis dans l'ordre et le délai commencera à courir.

Cependant, il peut arriver que le gagnant désire faire
traîner les choses en longueur et néglige, tant de faire signifier le jugement que de constituer un nouvel avoué. Nous
déciderons que, dans ce cas, le défaillant pourra assigner
son adversaire en constitution de nouvel avoué.

D. A. *Jugement par défaut*, n° 245), la signification d'un arrêt par
défaut, ne serait pas nécessairement un acte d'avoué à avoué, et
pourrait être faite à la requête de la partie, même lorsqu'elle est
adressée à un avoué. Cependant, alors même qu'on soulèverait cette
discussion (qui n'est pas de nature à se présenter fréquemment en
pratique), il y aurait un moyen de mettre les deux théories d'accord
avec la conséquence que nous voulons en tirer ; ce serait de dire
dans le cas visé par l'arrêt de Bruxelles, que la signification ne saurait produire d'effet utile que si elle émane d'un avoué, car elle ne
peut sans cela faire courir le délai d'opposition à l'encontre du défaillant.

1. M. Garsonnet, V, § 1028 ; Pigeau, *Procédure civile*, I, p. 544-545 ;
Rodière, I, p. 301.

2. Si le jugement n'a pas été signifié, le délai ne saurait courir et
par conséquent le jugement par défaut ne peut devenir définitif. Il
en résulte une situation curieuse, si la signification n'est faite que
plusieurs années après l'obtention du jugement ; elle sera faite à
l'avoué du défaillant qui est tenu d'occuper sans nouveaux pouvoirs,
non seulement tant qu'un jugement définitif n'a pas été rendu, mais
encore, aux termes de l'art. 1038, pendant l'année qui suit ce jugement définitif. Or aucun jugement de cette sorte n'est intervenu
dans l'espèce, l'avoué sera donc tenu d'occuper, alors même qu'il
allèguerait avoir remis les pièces à son client. Rodière, I, p. 318,
Bioche, IV, v° *cit.*, n° 289 ; Cass., 1er août 1810, J. *du P.*, VIII, p.
502.

Si, au contraire, c'est le défendeur qui se trouve privé de son avoué, il y a lieu alors de craindre plus vivement que dans le cas précédent, un refus de constituer un nouvel avoué et ce dans le but de perpétuer le délai d'opposition ; on se contentera, alors, d'une signification à partie qui produira le même effet que la signification à avoué (1).

La seconde hypothèse est celle où la cessation des fonctions de l'avoué est postérieure à la signification du jugement, mais s'est produite alors que la partie se trouvait encore dans le délai imparti pour former opposition.

1° Si c'est l'avoué du demandeur qui sort de charge, l'article 157 ne nous donne pas la solution de la difficulté, mais on décide généralement, comme nous le verrons plus loin (2), qu'il y a lieu d'étendre ici la disposition de l'article 162, d'exiger qu'un nouvel avoué soit constitué et que cette constitution soit signifiée au défendeur.

2° Si c'est l'avoué du défaillant qui disparaît, le délai ne courra que lorsqu'une signification aura été faite à la partie défaillante pour lui faire connaître, tant l'existence du jugement, que la cessation des fonctions de son avoué, et cela est raisonnable, car on ne peut frapper de déchéance une partie qui avait le droit de s'en rapporter à la diligence d'un avoué et qui se trouve actuellement privée de ses conseils (3).

---

1. Il y a à ce sujet une controverse qui sera examinée plus loin.

2. Chapitre IV, section II. En ce sens : M. Garsonnet,§ 1045 et note de M. Levillain sous Cass. Rejet, 5 juillet 1894, D. 95, I, 457 et les autorités citées.

3. M. Garsonnet, § 1028 ; Pigeau, *Procédure*, I, p. 516 ; Rodière, I, p. 301.

Ces solutions doivent être combinées lorsque les deux avoués ont cessé leurs fonctions. Dans la première hypothèse, on agira comme si l'avoué du défendeur seul avait disparu. Dans la seconde celui qui a obtenu le jugement fera courir le délai en signifiant une nouvelle constitution d'avoué à son adversaire.

On décidera de même, en cas de décès de l'une ou l'autre partie, parce que dans ce cas le mandat de l'avoué a naturellement pris fin par la mort de son mandant ; le délai ne courra donc que du jour où les héritiers du demandeur auront constitué un nouvel avoué avec notification de cette constitution à l'avoué du défendeur (1) ou du jour où, dans l'hypothèse inverse, on aura signifié aux héritiers du défaillant le jugement qui avait condamné leur auteur.

S'il y a plusieurs défaillants ou plusieurs demandeurs, la signification doit être faite à chacun d'eux ou par chaque avoué, sinon le délai ne court qu'à l'encontre de celui qui a reçu la signification et en faveur de celui qui l'a faite, à moins que l'objet litigieux ne soit indivisible (2).

Mais nous avons jusqu'à présent écarté de la discussion des points controversés qu'il faut examiner maintenant.

1° La cessation des fonctions de l'avoué du défendeur n'aura-t elle pas pour conséquence de changer la nature du délai et d'obliger à transporter dans cette hypothèse les solutions que donne la loi au cas de défaut faute de comparaître.

1. M. Garsonnet, § 1028, *in fine.*
2. Bioche au mot *Jugement par défaut,* n° 231.

2° Quel est l'effet exact produit sur le délai par la cessation des fonctions des avoués?

La première question suppose que l'avoué du défaillant est sorti de charge avant la signification. On se contente alors de signifier le jugement à partie. Mais on n'est pas d'accord pour fixer, dans ce cas, la durée exacte du délai d'opposition. Pour les uns, cette signification à partie remplace simplement la signification à avoué prescrite par la loi et l'opposition n'est recevable que dans la huitaine qui court à compter de ce moment (1); pour d'autres, cet évènement doit avoir pour effet de transporter ici les règles du défaut faute de comparaître (2); une troisième opinion cherche à concilier ces deux doctrines opposées (3).

Et ces diverses doctrines présentent chacune, il faut le reconnaître, des arguments très séduisants.

Dans la première on fait valoir l'intérêt du défendeur auquel une exécution précipitée (conséquence naturelle de l'opinion contraire) pourra causer grand préjudice, on invoque l'analogie qui existe entre cette hypothèse et celle que prévoit l'art. 162, on invoque aussi l'art. 148 qui décide qu'en cas de cessation des fonctions de l'avoué, une signification à partie remplace suffisamment celle qui aurait dû lui être faite. Enfin, et c'est là peut-être le seul argument concluant, ou fait remarquer qu'on se trouve ici en face d'un défaut contre avoué, et que la raison autant que l'esprit de la loi commandent de s'écarter le moins possible

1. M. Garsonnet, § 1028.

2. Pigeau, I, p. 545; Favard au mot *Opposition*, p. 42; Bioche au mot *Jugement par défaut*, nos 228-238.

3. Rodière, I, p. 313.

du système général adopté par le législateur en cette matière. C'est ce que ne fait pas l'opinion adverse qui reconnaît bien, d'une part, que la signification à partie doit suffire, et que, d'autre part, la situation est ici très différente de celle prévue par l'art. 158, mais qui refuse d'admettre qu'une signification à partie puisse, dans l'hypothèse, produire tous les effets d'une signification à avoué. Il résulte, en effet, de la combinaison des articles 147 et 148, qu'il n'y a identité d'effet qu'en ce qui concerne le pouvoir d'exécuter et non en ce qui touche celui de faire courir le délai d'opposition, et un auteur ajoute à cette observation un puissant argument de raison (1) : « Le défaillant, dit-il, ayant constitué « avoué, a pu se reposer sur cet officier, du soin de le repré-« senter. Dira-t on que la signification qu'on lui a faite, lui a « appris que cet officier ne pouvait plus le représenter et qu'il « devait en choisir un autre. La réponse est, qu'il n'est pas « plus certain que cette signification lui soit parvenue, « qu'à celui qui n'avait point d'avoué, auquel la loi donne, « malgré la signification qui lui est faite par un huissier « commis, le droit de former opposition jusqu'à l'exécu-« tion, à cause du danger des surprises ».

C'est sans doute cette opinion à laquelle nous donnerions la préférence si on ne pouvait pas élever contre elle la grave objection que nous rapportons plus haut. Car la première doctrine, ne peut guère invoquer sérieusement que cette considération-là. En effet, le défaillant est suffisamment protégé, contre l'exécution précipitée, par la disposition de l'article 155 et il est peut-être téméraire

1. Pigeau, *op. et loc. cit.*

d'invoquer l'analogie avec l'art. 162 puisque cet article prévoit une hypothèse absolument inverse.

Aussi donnerons-nous la préférence à une doctrine intermédiaire, à laquelle peut-être on reprochera d'être arbitraire, mais qui a le mérite de concilier, autant que faire se peut, les divers intérêts en présence. Elle consiste à respecter le système général de la loi et à restreindre l'opposition au délai de huitaine, mais à tenir compte de ce que la signifition a été faite à personne ou domicile. Il en résultera que le délai accordé devrait être considéré comme franc et recevoir en outre une augmentation à raison des distances (1).

Nous arrivons maintenant à la seconde question et nous cherchons à déterminer l'effet exactement produit sur le cours du délai par la cessation des fonctions de l'avoué. On suppose que plusieurs jours de ce délai se sont déjà écoulés, et l'on se demande si le défaillant aura à sa disposition, à partir de la nouvelle constitution d'avoué, un nouveau délai complet ou seulement la partie de l'ancien délai qui restait encore à courir (2). En d'autres termes, le délai est-il interrompu ou simplement suspendu par l'évènement qui nous occupe ?

Ceux qui soutiennent qu'il n'est que suspendu, se prévalent d'un argument tiré de l'article 349, qui déclare, en matière de reprise d'instance, que si la partie assignée en constitution de nouvel avoué ne comparait pas à l'expiration du délai, le jugement qui « interviendra tiendra la cause pour

1. Rodière, *op. et loc. cit.*
2. Cette question ne peut se présenter que dans l'hypothèse où la cessation des fonctions de l'avoué est postérieure à la signification du jugement.

« reprise et ordonnera qu'il sera procédé suivant les der-
« niers errements, *sans qu'il puisse y avoir d'autres délais*
« *que ceux qui restaient à courir* (1) ».

Nous nous rangerons cependant du côté des partisans
de l'opinion adverse. Car l'art. 349 n'a pas été écrit pour
le cas qui nous occupe et son application pourrait conduire à des conséquences trop graves. Il y a lieu de craindre, en effet, que le demandeur n'abuse de l'absence du
défaillant pour lui signifier brusquement la nouvelle constitution, alors que le délai est peut-être réduit à un jour ou
deux, ou bien encore, que dans cette même hypothèse, le
nouvel avoué constitué par le défendeur n'ait pas le temps
nécessaire pour former opposition (2). On invoque aussi (en
ce qui concerne du moins le premier cas) un argument
d'analogie tiré de l'article 162 qui décide formellement
que le délai de réïtération est interrompu et non pas seulement suspendu par la disparition de l'avoué du demandeur. On ne saurait invoquer en sens inverse la disposition
de l'art. 447 en matière d'appel, car il y a une trop grande
différence dans la durée des deux délais, pour qu'on puisse
argumenter de l'un à l'autre (3).

Section II

*Du délai d'opposition en cas de défaut faute de
comparaître.*

La loi entoure ici le défaillant de toute sa sollicitude,

1. Pigeau, *op. cit.*, p. 546 ; Carré, quest. 658 ; Bioche, *ibid.*, n° 236.
2. M. Garsonnet et Rodière, *op. et loc. cit.*
3. Rodière, *ibid.*

pour restreindre, autant que possible, des fraudes que l'on
ne peut malheureusement empêcher complètement.

Le principe posé consiste en ce que, en matière de défaut
contre partie, l'opposition doit être reçue jusqu'à l'exécution connue ou présumée connue du défaillant, il résulte
de l'article 158 développé par l'article 159. Désormais, le
défaillant ne pourra plus se plaindre de ce que le jugement est devenu définitif à son insu, sauf dans certaines
hypothèses très rares au sujet desquelles on ne peut blà-
mer la loi, car elle a pris toutes les précautions compatibles
avec le respect des droits du demandeur.

Que faut-il donc entendre par ce mot *exécution* ; jusqu'à quel moment précis l'opposition sera-t-elle recevable?

La réponse de la loi est assez complexe ; elle comprend,
d'une part, un principe dont il y aura lieu de déterminer
l'étendue, et, d'autre part, une série de décisions particulières dont il faudra faire une étude séparée. Ce qui nous
conduit à classer les observations, qu'il y a lieu de présenter en cette matière, sous trois paragraphes distincts :

1° Principe posé par la loi.

2° Hypothèses particulières prévues par l'article 159.

3° Points douteux que la loi ne permet pas de résoudre
directement.

§ 1. — Principe.

Ce principe ressort tant de l'article 158 que de l'avant
dernier alinéa de l'article suivant.

En cas de défaut contre partie... « l'opposition sera
« recevable jusqu'à l'exécution du jugement » (art. 158) et
« le jugement est réputé exécuté... lorsqu'il y a quelque

« acte, duquel il résulte nécessairement que l'exécution
« du jugement a été connue de la partie défaillante »
(art. 159).

Il distingue, en somme, deux cas bien différents : ou bien
le demandeur a exécuté complètement le jugement obtenu,
et alors il est dispensé de toute preuve autre que celle de
l'exécution même ; ou bien il s'est contenté d'une exécution partielle (profitant en cela de la faveur de la loi qui a
trouvé trop rigoureux d'exiger, en tous cas, une exécution
complète), mais alors on réclamera de lui un acte d'exécution tel, qu'il en résulte la preuve évidente de ce que les
tentatives opérées sont parvenues à la connaissance du défaillant. Exception est faite pour les cas spéciaux où la loi
l'en dispense formellement en précisant les actes qui sont
présumés contenir cette preuve.

On comprend, qu'en dehors de ce dernier cas, des difficultés assez graves devront nécessairement se présenter,
elles seront étudiées sous le § 3.

Nous nous bornerons donc ici à fixer la signification
exacte du principe posé et les conséquences indiscutables
qui en résultent.

Pas de difficulté en ce qui concerne l'article 158. Dès
que l'exécution sera terminée, l'opposition ne sera plus recevable. Mais il est nécessaire que cette exécution ait été
régulièrement faite. Elle ne produirait donc aucun effet si
elle avait été accomplie dans la huitaine déclarée suspensive par l'article 155 (1) ou bien encore, si elle avait été
frauduleusement cachée au condamné (2).

1. Bordeaux, 22 novembre 1894, D. 96, II, 235.
2. M. Garsonnet, § 1030. Ou encore si le jugement n'avait pas été

L'article 159 réclame au contraire une étude plus appro-
fondie. Nous n'avons à nous occuper pour le moment que
de sa dernière disposition. Elle paraît très claire et cependant un auteur considérable a prétendu que l'interprétation, qui ressort de ses termes formels, devait être considérée comme erronée. D'après cette doctrine, il faudrait décider que ce n'est pas la connaissance de l'exécution du
jugement, mais simplement celle de son existence, qui aurait pour effet de fermer au défaillant la voie de l'opposition. Elle se base, il faut le reconnaître, sur des considérations de fait d'une importance réelle, car il est bizarre
d'admettre qu'un défaillant puisse avouer bien haut la connaissance qu'il a du jugement qui le condamne, sans se
trouver forcé, pour cela, d'y former immédiatement opposition. Mais elle a contre elle la disposition de l'article 159
lui-même, qui déclare formellement viser la connaissance
de l'exécution du jugement.

Sans doute, on peut prétendre que « la connaissance de
« l'exécution, dans l'entente du Code, n'est qu'une démons-
« tration, un exemple régulateur qui indique le degré de
« la certitude requise pour que le jugement soit réputé
« connu » (1). On peut aussi invoquer certains passages
des travaux préparatoires, notamment quelques observations de MM. Treilhard et Defermon et les contradictions

signifié ou l'avait été irrégulièrement par un huissier non commis,
Cass., 11 janvier 1895, D. 96, I, 138 (jugé au criminel); Cass., 8 février 1888, D. 88, I, 158. Il s'agit ici de l'exécution forcée, mais l'exécution volontaire ou un acte équivalent produirait le même effet.
Req., 27 juin 1837, D. A. *Jugement par défaut*, n° 120; Req., 23 août
1825, D. A. *Acq.*, n° 313.
  1. Boncenne, III, p. 97.

de Merlin lui-même qui a soutenu successivement l'une et l'autre opinion (1). Mais toutes ces considérations ne sauraient prévaloir sur le sens précis et formel de la loi ; les travaux préparatoires sont d'ailleurs assez diffus sur ce point et les considérations de fait, elles-mêmes, doivent plier devant certaines remarques d'un de nos plus distingués jurisconsultes (2). La simple connaissance de l'existence du jugement, dit-il, ne doit pas suffire pour empêcher l'opposition, parce que, même dans ce cas, le défaillant peut supposer que son adversaire « ne poursuivra pas en vertu « d'une sentence que la première opposition fera tomber. « Il peut n'y voir qu'une menace insignifiante qui peut « très bien n'être pas suivie d'exécution, et, en consé-« quence, ne pas encore s'opposer tant qu'on n'a rien fait « de plus ».

Aussi admettrons-nous cette dernière doctrine, bien que nous puissions constater qu'elle conduira souvent à des difficultés qui auraient été évitées par l'opinion adverse.

Mais que faut-il entendre par ce mot *exécution* dans l'hypothèse qui nous occupe ?

Sans aucun doute, le vœu de l'article sera rempli, s'il a été procédé à une exécution complète ou si les poursuites ont été poussées jusqu'aux points indiqués dans les premiers paragraphes de l'article 159 (3). Mais s'il fallait res-

1. Consultation délibérée à Bruxelles, le 27 février 1822, S. 22, II 249 et *Répertoire, Opposition à un jugement par défaut*, n° 158, p. 760.

2. Boitard, I, n° 330. En ce sens : Chauveau-Carré, II, quest. 663, p. 99 ; Pigeau, *Commentaire*, I, p. 365 ; Thomine, I, p. 303 ; Grenoble, 6 août 1892, D. 94, II, 244 ; M. Garsonnet, § 1032.

3. Boitard, p. 358, n° 329.

treindre son application à ces divers cas, la disposition que nous étudions serait inutile. Il est donc nécessaire qu'on se contente alors d'actes d'exécution proprements dits, mais qui, bien que moins caractérisés, contiennent en eux-mêmes la preuve que le défaillant en a eu connaissance (1). Par exemple, on a saisi ses meubles, ils vont être vendus et il autorise sa femme à en revendiquer quelques-uns comme lui appartenant. Il ne peut nier la connaissance qu'il a eue de l'exécution, il perd son droit d'opposition (2), ou bien, sur le procès-verbal de saisie, il s'est offert comme gardien, en a proposé un autre, a demandé un sursis, etc. (3). Dans tous ces cas l'art. 159 *in fine* s'appliquera. De même en cas de contrainte par corps, si le débiteur, après son arrestation et après qu'un procès-verbal de cette arrestation a été dressé, parvient à s'évader, ou si l'opposition ayant été formée lors d'une tentative de saisie-exécution, par déclaration consignée sur le procès-verbal de l'huissier, cette opposition est ensuite déclarée non recevable (4).

Nous aurons à examiner les difficultés qui ont pu naitre sur l'application de cet article dans certaines hypothèses, mais nous pouvons dès maintenant constater que c'est avant tout une question de fait jugée souverainement par les tribunaux devant lesquels la preuve de ces faits est toujours possible (5).

1. M. Garsonnet, § 1032.
2. Requêtes, 12 août 1868, D. 71, V, 232.
3. MM. Boitard, Colmet Daage, Glasson et Garsonnet, *op. et loc. cit.*
4. Ces deux points sont d'ailleurs contestés. Voy. sur le premier, Carré, question 663. — En notre sens sur le second, Riom, 2 août 1817 ou 1818, D. A. *Jugement par défaut*, n° 127.
5. Rodière, I, p. 310; Boitard, p. 359; Thomine, I, p. 303; Req..

§ 2. — **Hypothèses particulières prévues par l'article 159.**

Il y a un certain nombre de cas où le législateur, pour éviter toutes difficultés, a posé des règles précises. Elles ressortent de la première partie de l'article 159.

« Le jugement est réputé exécuté lorsque les meubles
« saisis ont été vendus ou que le condamné a été empri-
« sonné ou recommandé, ou que la saisie d'un ou de plu-
« sieurs de ses immeubles lui a été notifiée, ou que les frais
« ont été payés, ou enfin lorsqu'il y a quelque acte duquel
« il résulte nécessairement que l'exécution du jugement a
« été connue de la partie défaillante. »

Premier point. — Saisie des meubles suivie de la vente aux enchères.

L'exécution n'est pas complète puisque le prix n'a pas été versé entre les mains du créancier et cependant la loi décide qu'elle a été poussée assez loin pour qu'il n'y ait guère de risques que le défaillant ait ignoré un jugement, en vertu duquel on a vendu ses meubles sur la place publique. Peu importe qu'une partie seulement des meubles ait été vendue, car on comprend qu'un mobilier assez important pour exiger plusieurs vacations, en vue d'une vente complète, n'est pas saisi sans que son propriétaire en soit au plus vite averti (1). On ne tient pas compte (2) non

23 mars 1825, D. A. *loc. cit.,* n° 127; Cass. Rej., 11 juin 1860, D. 61, I, 124; Req., 16 juillet 1888, D. 89, I, 255.

1. Rodière, I, p. 311.

2. Si les meubles à saisir se trouvent sous scellés les créanciers du *de cujus* feront opposition à la levée des scellés, ceux des héritiers useront du droit qu'ils ont d'intervenir au partage pour procéder immédiatement à l'exécution sur les objets mis dans le lot de leur débiteur. Chauveau Carré, quest. 663 *bis.*

plus de ce que le mobilier avait une valeur si minime que son propriétaire a pu en ignorer la vente. La présomption de la loi est formelle et on ne peut la détruire en vertu d'une simple présomption de fait, sur quelque considération qu'elle se base (1).

Deuxième point. — Emprisonnement ou recommandation du défaillant.

La loi du 22 juillet 1867 a restreint considérablement la portée de cette règle. Désormais, les cas seront rares où cette présomption sera invoquée (2). Il faudrait supposer que le jugement a condamné le défaillant à raison d'un fait délictueux à une certaine somme de dommages-intérêts ou bien, qu'après faillite, il y a lieu à application des articles 455 et 456 C. com. Quoi qu'il en soit, la présomption de la loi est ici très justifiée, car il est bien certain qu'il n'ignorera pas le jugement et son exécution, ce débiteur qu'on vient d'incarcérer ou qui voit détruire toutes les espérances qu'il avait d'être bientôt élargi, par une recommandation d'un de ses créanciers invoquant pour titre un jugement par défaut.

Troisième point. — Notification au débiteur de la saisie d'un ou plusieurs de ses immeubles.

La saisie-exécution est simple et rapidement terminée, c'est pourquoi on n'a pas reconnu aux actes préparatoires une notoriété suffisante pour entraîner, contre le défaillant, déchéance de son droit d'opposition ; la vente seule peut

1. Cass. civ., 30 juillet 1845, D. 45, I, 339.
2. Boitard, p. 355 ; M. Garsonnet, p. 435.

produire cet effet. Mais la situation n'est pas la même en matière de saisie immobilière (1). Outre qu'on ne peut permettre au condamné d'attendre que son adversaire ait accompli les multiples formalités qui doivent, dans ce cas, précéder la vente, et de lui faire faire ainsi des frais en pure perte, la notification de la saisie marque une étape assez avancée dans la poursuite en expropriation, et a été précédée d'actes assez importants et de mesures de publicité suffisantes, pour qu'on puisse difficilement admettre que le défaillant n'a pas été averti de la déchéance qui le menace (2). Mais il est nécessaire que cette dénonciation ou notification ait été régulièrement faite (3).

En matière de saisie des rentes, nous admettrons qu'il faut leur appliquer les dispositions écrites dans la loi en ce qui concerne la saisie-immobilière et ne pas exiger une exécution aussi complète qu'en matière de meubles. Cette solution est commandée par l'analogie qui existe entre la saisie des rentes et la saisie immobilière (4). Il y a cependant une grave raison de douter, c'est que la loi est muette et que la rente est un meuble (5). La meilleure solution résiderait certainement dans un système mixte. On a en effet soutenu que l'opposition ne devrait être permise que jusqu'à la notification et les placards qui réalisent avec les insertions prescrites (art. 645-646 Pr.) la publicité de ce mode de saisie. Malheureusement, le silence de la loi rend

1. M. Garsonnet, § 1034.
2. Rodière, I, p. 312.
3. Grenoble, 4 août 1892, D. 94, II, 244-245.
4. Carré, *op. cit.*. p. 94, note 2.
5. Chauveau Carré, *op. cit.*, p. 109, note 1.

ce système absolument inadmissible, car, l'admettre, ce serait créer la loi et non l'interpréter (1).

Quatrième point. — Paiement des frais.

Ce paiement ne peut être considéré que comme un acquiescement tacite au jugement, il doit donc, comme tel, rendre l'opposition non recevable ; car la partie n'aurait pas fait ce paiement si elle avait eu l'intention de contester la valeur du titre qui mettait les frais à sa charge (2). Cependant, il ne faut pas pousser ce raisonnement trop loin, car la jurisprudence a refusé d'admettre que l'offre de payer ces frais pût produire le même effet, par cette raison que l'hypothèse n'est pas formellement prévue par la loi (3). Mais si un paiement réel est nécessaire, il est en même temps suffisant. Peu importe qu'il n'y ait eu qu'un acompte de versé, ou que les frais aient été payés sans que la partie ait acquitté le montant de la condamnation principale (4).

Par contre, de ce qu'il y a ici acquiescement tacite, il suit que la voie d'opposition ne sera fermée qu'autant que le paiement pourra être considéré comme un véritable acquiescement, ce qui entraîne plusieurs conséquences :

1° Il ne produira cet effet que dans les matières où l'acquiescement est permis et non par conséquent dans les procès intéressant l'ordre public, notamment en ce qui concerne les questions d'état (5) ;

1. Pigeau, *Commentaire*, I, 364-365.
2. Rodière, p. 310.
3. Colmar, 25 novembre 1809, D. A. *Acquiescement*, n° 446.
4. La partie ne peut même pas, en payant les frais, se réserver le droit d'opposition. Cass., 24 janvier 1834, D. 54, I, 197 ; Orléans. 11 août 1853, D. 54, II, 236.
5. Rennes, 2 janvier 1822, D. A. *Acq.* n° 463.

2° Il faut que ce paiement soit le fait volontaire de la partie condamnée. L'opposition restera donc possible si les frais ont été payés par un tiers qui n'était pas le mandataire spécial de la partie. Sans qu'on ait à se préoccuper s'il avait ou non un intérêt direct au paiement, ou s'il a ou non agi en l'acquit du débiteur. C'est ce qui arrivera, par exemple, si le paiement a été fait avec des deniers déposés entre les mains de ce tiers ou dans une caisse publique, bien que le prélèvement ait été légalement opéré, s'il l'a été à l'insu du défaillant (1).

Le condamné doit aussi avoir payé en connaissance de cause. Si donc il a payé les frais parce qu'il a cru que l'exécution provisoire ordonnée par le jugement s'étendait aussi aux dépens, il pourra être relevé de la déchéance qu'il avait encourue (2).

Mais c'est en tous cas à la partie qui se prévaut de la déchéance à fournir la preuve du paiement.

Tels sont les cas spécialement prévus par l'article 159 ; ils constituent des présomptions *juris et de jure*, contre lesquelles on n'admet pas la preuve contraire ; alors même que le défaillant montrerait qu'il lui a été impossible de connaître les actes accomplis ; quand même il critiquerait le mode d'exécution employé par son adversaire et prouverait que d'autres actes, compris dans l'énumération de

1. Sur ces points : Rodière, *op. et loc. cit.*; Req., 7 décembre 1836, D. A. *Jugement par défaut*, n° 140 ; Rouen, 27 avril 1846, D. 47, II, 40. Sur le mandat spécial, Rennes, 17 novembre 1813, D. A. *Acq.*, n° 454.

2. M. Garsonnet, *op. et loc. cit.*; Bordeaux, 16 mars 1827, D. A. *Acq.*, n° 490.

l'article, étaient possibles et auraient procuré une exécution plus complète (1).

Mais toutes ces observations sont naturellement faites sous cette réserve que le demandeur n'a pas agi par fraude ou dol pour cacher à son adversaire l'exécution qu'il poursuivait (2).

§ 3. — Points douteux que la loi ne permet pas de résoudre directement.

L'article 159 n'ayant donné des solutions précises que pour un certain nombre de cas, des controverses se sont élevées sur ceux qu'il n'avait pas prévus, donnant ainsi un éclatant démenti aux prévisions optimistes de ses auteurs Parmi ces controverses, il en est même qui sont presque insolubles. Cependant on peut, dès maintenant, signaler certaines hypothèses où la difficulté sera facilement évitée.

Si, par exemple, le jugement emporte condamnation aux dépens, on évitera tous les doutes, qui pourraient naître sur la question principale, en exécutant simplement cette condamnation accessoire. De même, si le jugement ne comporte pas d'exécution partielle, l'exécution complète seule fermera la voie de l'opposition.

Mais faudra-t-il admettre cette même solution pour tous les modes d'exécution qui ne sont pas visés par l'article 159. Évidemment non, car on fait alors intervenir l'avant-dernière disposition de cet article et l'on recherche, *en fait*, si le défaillant a connu l'exécution du jugement. C'est ce que

1. M. Garsonnet, *op. et loc. cit.*, p. 434.
2. Amiens, 26 mars 1822, D. A. *Jugement par défaut*, n° 122.

nous allons faire, en ce qui concerne les situations qui peuvent se présenter le plus fréquemment, mais en remarquant que la question de fait qui domine cette matière amène entre leš arrêts de fréquentes contradictions :

1° Ainsi en est-il d'abord en ce qui touche : la signification du jugement, le commandement et l'inscription d'hypothèque judiciaire.

Tous ces actes, en principe, ne sont pas des actes d'exécution, ce ne sont que des préliminaires de l'exécution ou de simples actes conservatoires et c'est en ce sens qu'il a été fréquemment jugé qu'ils ne peuvent avoir pour effet de fermer la voie de l'opposition. Mais il peut arriver aussi, et cela s'est présenté, qu'ils soient la seule exécution possible du jugement rendu, et c'est dans ce cas que les décisions judiciaires leur accordent un effet qui n'est, d'ordinaire, attaché qu'à des actes d'exécution ; mais on exige alors que des précautions suffisantes aient été prises pour porter cette exécution imparfaite à la connaissance du défaillant (1) ;

2° En second lieu, nous nous demandons par quels actes on peut remplacer cette exécution lorsqu'elle est impossible dans l'espèce ?

Par exemple, la matière saisissable manque complètement, ou bien on se trouve en face d'un débiteur contre lequel il est défendu d'exécuter par les voies ordinaires

1. Sur ce point : Bourges, 30 août 1831, D. A. v° *cit.*, n° 158 ; Req., 16 juillet 1888, D. 89, I, 255 ; Grenoble, 6 août 1892, D. 94, II, 244 ; Bordeaux, 22 novembre 1894, D. 96, II, 235 ; Nancy, 19 février 1890, D. 91, II, 283. Par exemple on fera sommation au défaillant, en employant, s'il le faut, le ministère d'un huissier commis, d'avoir à se trouver, tel jour à telle heure, au bureau de conservation des hypothèques, pour voir opérer l'inscription.

(Etat, département, commune, établissement public). ou bien le débiteur a rendu lui-même l'exécution impossible.

Les deux derniers cas n'offrent pas de difficultés. Dans le second, c'est la loi même qui donne la solution, puisqu'elle fixe alors un mode d'exécution spécial (1). Dans le troisième cas, l'exécution sera réputée accomplie par application de l'article 1178 C. civ.

Mais la solution est beaucoup plus délicate dans le premier cas prévu, celui où il n'y a rien à saisir. On suppose, naturellement, que l'huissier ne trouve rien parce qu'il n'y a rien. Si, au contraire, la matière saisissable existe, mais que l'huissier ne puisse pas la saisir, parce que elle l'a déjà été, il se contentera de dresser un procès-verbal de récolement, et cela suffira pour remplacer la saisie impossible (2). Mais, dans le cas qui nous occupe, le créancier poursuivant est obligé de se contenter d'un simulacre d'exécution (3).

L'huissier dressera donc un procès-verbal de carence, il le signifiera au débiteur et l'on aura fait tout ce qui était possible en pareille matière. On s'accorde pour reconnaître que ces formalités seront suffisantes pour mettre le demandeur à l'abri de la péremption de l'article 156 (4), mais sufiront-elles pour fermer au défaillant la voie de l'opposition ?

1. Une inscription au budget qui sera volontaire ou forcée. M. Garsonnet, V, § 1033 ; III, § 540 et II, § 247.

2. Requêtes, 23 mars 1825, D. A. *v° cit.*, n° 127 ; Requêtes, 27 avril 1887, D. 88, I, 271.

3. Nous supposons qu'il n'a à sa disposition aucun autre mode d'exécution sans quoi il devrait alors l'employer et le procès-verbal de carence ne serait jamais suffisant.

4. Nancy, 19 février 1890. D. 91, II, 283.

Nous déciderons que ce procès-verbal ne saurait, par lui-même, produire cet effet, mais qu'il faudra le lui reconnaitre, dès qu'on aura prouvé que le condamné en a eu une connaissance réelle (1). Cette preuve résultera, à notre avis, de ce que l'acte a été dressé en présence du débiteur (2),ou encore de ce qu'il lui a été signifié parlant à sa personne. Cette doctrine se base sur l'esprit de la loi qui a été d'éviter toute surprise et toute fraude ; en outre, elle est conforme au système général adopté. Le procès-verbal de carence n'est qu'un commencement d'exécution ; or la loi désire en principe une exécution complète, à moins que l'on ne prouve que le condamné a eu connaissance de la tentative d'exécution qui a été faite, et on comprend que cette preuve ne résulte nécessairement que des actes sus-indiqués. La doctrine contraire a pour elle les nécessités pratiques et l'obligation, dans laquelle se trouve le législateur, de ne pas abandonner le créancier aux fraudes de son débiteur ; on se contente alors d'une signification à domicile, quelquefois même au dernier domicile connu, ou encore d'une simple signification au Parquet (3). Mais ces solutions sont trop contraires aux principes pour qu'on puisse les admettre, elles conduiraient en outre à des conséquences trop graves. En effet, pour soutenir cette doc-

1. M. Garsonnet, *op. cit.*, p. 442.

2. Req., 12 janvier 1813, D. A. *v° cit.*, n° 150 ; Req., 7 décembre 1875, D. 76, I, 272 ; Dijon, 20 novembre 1895, D. 96, II, 104 ; Rodière, I, p. 309. Même solution, s'il a été dressé en présence du représentant légal ou conventionnel du condamné. Chambéry, 7 mai 1888, D. 91, II, 29 ; Cass , 31 décembre 1895, cassant un arrêt de Montpellier, 24 juillet 1891, D. 96, I, 262.

3. *Contrà*, Boncenne, III, p. 82.

trine il est de toute nécessité de déclarer que le procès-
verbal de carence est une exécution complète (1), et partant de là, on pourrait prétendre qu'il doit fermer la voie
de l'opposition, abstraction faite de toute signification.

3° Cas où l'exécution est poursuivie contre un tiers ou,
plus généralement, en dehors de la partie.

Ces diverses situations se présenteront en cas d'enquête,
de saisie-arrêt, d'inscription et de radiation d'hypothèque ;
on ne parle plus aujourd'hui de la question qu'avaient
fait naître les oppositions à mariage, puisque la loi du 28
juin 1896, art. 7, a détruit toute controverse en supprimant
la voie de recours. Nous devrons donc dire quelques mots
de chacune de ces difficultés.

A. *En matière d'enquête*. — La combinaison des principes concernant l'enquête avec ceux qui régissent les jugements par défaut a donné lieu à de nombreuses controverses. En effet, aux termes de l'article 257, l'enquête doit
en principe être commencée dans la huitaine qui suit la signification du jugement faite à avoué ou à partie suivant
les cas ; mais, par exception, si le jugement est susceptible
d'opposition, le délai court du jour de l'expiration des délais
de l'opposition. Or il résulterait de cette disposition, s'il fallait l'interpréter à la lettre, une situation absolument inextricable, dans le cas spécial du défaut faute de comparaître.
En effet, le délai pour commencer l'enquête ne pourrait
courir que du jour de l'expiration du délai de l'opposition,
c'est-à-dire lorsque l'enquête aurait été terminée ou tout
au moins commencée.

1. Limoges, 20 juillet 1824, D. A. *v° cit.*, n° 150.

De nombreuses théories ont été proposées (1), pour donner ici un sens raisonnable à la loi. Nous en ferons un examen rapide.

Une première doctrine déclare que le point de départ du délai pour commencer l'enquête c'est le jour de la signification du jugement de débouté d'opposition. Cela est évidemment inadmissible, car il suffirait au défaillant de s'abstenir de toute opposition pour empêcher l'exécution et forcer ainsi son adversaire à laisser périmer le jugement qu'il a obtenu. Aussi une seconde opinion veut-elle résoudre la question en invoquant l'article 257 contre lui-même. Cet article est ainsi conçu : « Si l'enquête est faite au même « lieu où le jugement a été rendu, ou dans la distance de « trois myriamètres, elle sera commencée dans la huitaine « du jour de la signification à avoué ; si le jugement « est rendu contre une partie qui n'avait point d'avoué, « le délai courra du jour de la signification à personne « ou domicile ; ces délais courent également contre ce- « lui qui a signifié le jugement : le tout à peine de nullité.

« Si le jugement est susceptible d'opposition, le dé- « lai courra du jour de l'expiration des délais de l'oppo- « sition. »

Et c'est en vertu d'une interprétation prétendue littérale de l'article ci-dessus que des auteurs ont cru pouvoir résoudre la difficulté.

La loi, dans le premier paragraphe, prévoit le cas où la signification aurait été faite à personne ou domicile. Il faut pour cela que le jugement ait été rendu contre une par-

1. Boitard, *op. cit.*, 1, n° 484-485 ; Chauveau Carré, II, question 1004 ; Thomine Desmazures, I, p. 444-445.

tie n'ayant pas d'avoué. Cela ne peut se présenter qu'en cas de défaut faute de comparaître et il en résulte que l'article ne peut avoir eu en vue que cette hypothèse. Si donc le deuxième alinéa édicte une règle différente, en ce qui concerne les jugements susceptibles d'opposition, il est impossible que cette règle ait une portée générale puisqu'elle serait alors en contradiction avec l'alinéa précédent. Conclusion : elle ne peut s'appliquer qu'à l'hypothèse qui restait à prévoir, celle du défaut faute de conclure, et d'ailleurs, réduite à ces termes, elle est alors facilement explicable. La solution de la loi serait donc double. En cas de défaut faute de comparaître, l'enquête devrait être commencée dans la huitaine qui suit la signification à personne, par dérogation à la règle ordinaire qui veut que cette huitaine soit suspensive. En cas de défaut faute de conclure, cette dérogation n'existe pas ; la huitaine reste suspensive et l'enquête, qui ne peut être commencée avant son expiration, doit l'être dans les huit jours qui la suivent.

Mais le point de départ de cette doctrine repose sur une considération fausse. Il n'est pas impossible de trouver des hypothèses où le jugement serait rendu contre une partie n'ayant pas d'avoué, sans être pour cela un jugement par défaut susceptible d'opposition. En outre l'esprit de la loi, de même que le texte du deuxième alinéa, montrent bien que celui-ci a une portée générale (1), et cette règle, en même temps qu'elle est positive et explicite, a en plus le mérite de confirmer la règle générale établie par le législateur (2).

1. Boitard, I, n° 484.
2. Bordeaux, 13 avril 1831 ; Caen, 24 avril 1839, D. A. *Enquête* n°s 184-185.

Aussi a-t-on proposé d'autres solutions plus raisonnables. Pour les uns, c'est la signification au défaillant de l'ordonnance du juge commissaire qui fermera le délai d'opposition et servira de point de départ à celui accordé pour commencer l'enquête (1); pour d'autres, la simple obtention de l'ordonnance doit suffire sans aucune signification (2), une troisième doctrine permet de commencer l'enquête dès que la huitaine suspensive est expirée (3).

La solution qui nous paraît la meilleure est celle qui est conforme à l'observation présentée au début de ce chapitre (4). Elle fait remarquer que le législateur, en parlant des délais d'opposition, n'a eu en vue que le seul délai de huitaine établi par l'ancien droit. Dans tous les cas, donc, l'enquête pourra être commencée huit jours après la signification soit à avoué, soit à personne, et il faut reconnaître que la plupart des systèmes proposés aboutissent en réalité à une solution analogue. Un auteur a même essayé de la justifier en disant, que l'article 157 contient sur l'opposition une disposition générale et de principe, mais que l'article 158 y a apporté une exception; celle-ci ne concerne que les jugements définitifs dont l'exécution attaque la propriété ou la personne du défaillant et ne s'applique pas aux jugements interlocutoires qui ne prononcent aucune condam-

---

1. Coffinières et Demiau, cités par Chauveau sur Carré, tome II, question 1004.

2. Boncenne, IV, p. 247.

3. Pigeau, *Comm.* I, p. 500, 501.

4. Boitard, *op. et loc. cit.* M. Garsonnet, § 1034. Ces auteurs n'hésitent pas à donner à leur système une portée générale.

nation (1). Mais ce n'est là qu'une affirmation sans aucun fondement sérieux.

D'ailleurs, lorsqu'on a ainsi fixé le moment où l'enquête pourra être commencée, il ne faut pas en conclure que l'opposition sera désormais impossible. Ce serait cependant la solution naturelle du système que nous admettons. Les auteurs, en effet, ainsi que nous pouvons le remarquer dans les théories ci-dessus exposées, confondent en général le moment fixé comme point de départ du délai d'enquête avec celui qui doit fermer au défaillant la voie de l'opposition. Mais cette solution nous paraît incompatible (bien que le contraire soit soutenu) (2) avec la doctrine que nous avons admise. En effet, de ce que, sur un premier point, il faut écarter, d'une façon ou d'une autre, l'application de l'article 159, il ne s'ensuit pas qu'il faille en tous cas appliquer en matière d'enquête un système autre que celui de la loi. Aussi, lorsqu'on est parvenu à fixer le moment où il sera permis de commencer l'enquête, on doit rechercher quel est celui des actes compris dans la procédure d'enquête, qui fermera définitivement la voie de l'opposition contre le jugement qui l'ordonne. Les solutions sont très diverses, et quelques-unes d'entre elles ont déjà été incidemment exposées. Une première théorie déclare que ce sera la signification faite au défaillant, de l'ordonnance du juge commissaire portant permission d'assigner les témoins, qui consacrera la déchéance de ce défaillant (3). Mais on remarquera que cette signification peut tout au plus être assimilée à un

1. Lepage, cité par Chauveau, Carré, II, question 1004.
2. M. Garsonnet et Boitard, *op. et loc. cit.*
3. Chauveau Carré citant Coffinières et Demiau, *op. et loc cit.*

commandement et par conséquent ne doit être considérée
que comme un préliminaire d'exécution, aussi les partisans
de cette opinion en sont-ils réduits à déclarer que le défaillant se trouve, par là, mis en demeure de s'opposer, et
que s'il ne l'a pas fait le jugement doit être réputé exécuté
contre lui. Nous répondrons qu'on ne peut ainsi invoquer
une présomption quand elle n'est pas écrite dans la loi. A
plus forte raison ne peut-on pas admettre la présomption,
encore plus sévère pour le défaillant, qui consisterait à le
déclarer déchu de son droit, dès que cette ordonnance aurait été rendue (1). D'un autre côté il serait trop rigoureux
pour le demandeur d'exiger, comme certains auteurs l'ont
fait, que l'enquête soit complètement terminée pour rendre
l'opposition irrecevable (2). C'est pourquoi nous déciderons qu'il y a là, avant tout, une question de fait et nous
appliquerons une solution analogue à celle donnée pour
le procès-verbal de carence. Il faudra exiger au moins que
l'ordonnance ait été signifiée, et cette signification ne sera
suffisante pour constituer un acte d'exécution que si elle
prouve par elle-même qu'elle est parvenue à la connaissance du défaillant. Par exemple, si elle lui a été faite à sa
personne ou à celle de son mandataire (3). Dans tous les

1. Bonceune, IV, p. 247-248.
2. Pigeau, *Commentaire*, I, p. 500-501.
3. La jurisprudence est incertaine ; Bourges, 30 août 1831, D. A.
Jugement par défaut, nº 158-2º ; Poitiers, 9 mai 1892, D. 93, II, 523 ;
Caen, 13 février 1894, D. 95, II, 23. Il résulte pourtant de ces deux der-
nières décisions, qu'il faut au moins que l'ordonnance ait été notifiée
au défaillant ; la première se contentant de la signification du jugement avec assignation à l'avoué défaillant, d'être présent à l'enquête ordonnée. L'arrêt de Caen consacre la solution que nous avons
admise.

autres cas, il faudra exiger que l'enquête ait eu lieu complètement.

B. *En matière de saisie-arrêt.* — La saisie-arrêt étant
un acte très complexe, on comprend que des doutes se
soient élevés sur le point de savoir, en quoi elle peut être
considérée comme un acte d'exécution capable de fermer
la voie de l'opposition, et surtout à quel moment elle peut
produire cet effet. Deux points sont hors de doute. L'exécution sera reconnue suffisante si le défaillant, devenu dé-
biteur-saisi, a constitué avoué sur l'assignation en validité,
il a ainsi prouvé qu'il connaissait la tentative d'exécution
dirigée contre lui (1). De même l'exécution sera suffisante
lorsque la saisie-arrêt portant sur un meuble corporel autre
qu'une somme d'argent, ce meuble aura été vendu aux
enchères conformément à l'article 159.

Mais la difficulté reste entière, si nous supposons une
saisie-arrêt de somme d'argent, faite et poursuivie sans que
le saisi ait fait aucun acte impliquant acquiescement. Les
auteurs sur ce point sont en complet désaccord. Les uns
ne considèrent l'exécution comme suffisante que si le tiers
saisi, autorisé par le jugement qui a déclaré la saisie-arrêt
valable, a versé entre les mains du saisissant tout ou partie de la somme dont il était débiteur (2), ou bien ils exigent,
si une contribution a été ouverte, que l'ordonnance de
clôture ait été rendue. On se base alors sur ce que les
articles 664 et 665 défendent de remettre en question, à
partir de ce moment, ce qui avait été décidé (2).

1. Cass., 30 juin 1812, S. 12. I, 361; 1er mai 1823, S. 23, I, 369 ;
Thomine, I, p. 303.
2. Pigeau, *Comm.*, I, p. 364.

D'autres, plus sévères, prétendent que les articles 664 et 665 n'ont été écrits que pour le cas où la distribution se poursuit d'une façon normale et non pas pour celui, tout exceptionnel, où un jugement par défaut a été rendu (1).

Au contraire, certains arrêts consacrent des solutions beaucoup plus favorables au saisissant et présument que le saisi a connu l'exécution, dès que la saisie lui a été dénoncée avec assignation en validité (2), ou encore lorsqu'on lui a notifié le jugement qui ordonne au tiers saisi de payer entre les mains du saisissant (3).

Un point semble cependant acquis, c'est que, en ce qui concerne la nature de la saisie-arrêt, il y a à distinguer deux phases, dans la première elle est acte conservatoire et comme telle peut être formée même en vertu d'un jugement par défaut non signifié (4). Ce n'est que dans la suite qu'elle peut être considérée comme un acte d'exécution et c'est alors seulement qu'elle pourrait fermer la voie de l'opposition.

Un auteur propose de déclarer que le jugement de validité doit opérer, de lui-même, cette transformation dans la nature de la saisie-arrêt (5).

Nous ne nous arrêterons à aucune de ces opinions, tout en admettant qu'elles reposent toutes sur un fond de vérité. A notre avis, elles ont le tort de vouloir poser une présomption qu'il est impossible d'établir en ces matières.

1. Chauveau Carré, question 663, p. 109.
2. Nimes, 27 août 1809, cité par Pigeau, *loc. cit.*
3. Turin, 7 janvier 1810, cité en note par Carré, p. 96.
4. Paris, 25 mars 1896, D. 96, II, 288.
5. M. Appleton, note sous un arrêt de Paris du 22 juillet 1895, D. 96, II, 225.

Comme pour le procès-verbal de carence, comme pour l'enquête, nous déciderons qu'il s'agira dans tous les cas de prouver, que le défaillant a su qu'on entendait se prévaloir du jugement par défaut obtenu et cette preuve résulterait suffisamment de ce que l'un quelconque des actes d'exécution qui composent la saisie-arrêt a été notifié au saisi parlant à sa personne, ou même à domicile si le saisi avoue l'avoir reçu. C'est sous cette condition seulement, que la signification du jugement de validité pourrait produire quelque effet à l'encontre du droit d'opposition.

D'ailleurs il est certain que, quelle que soit l'opinion admise, le saisi ne saurait inquiéter son débiteur qui a valablement payé, sur le vu d'un jugement validant la saisie-arrêt. Et, dernière observation commune à toutes ces matières, c'est qu'il y a ici avant tout une question de fait qui devra être appréciée souverainement par les tribunaux.

C. *Inscription ou radiation d'hypothèque.* — C'est là le cas principal où l'exécution est directement poursuivie contre un tiers et complètement en dehors de la partie. Il ne s'agit pas d'une hypothèque judiciaire que le créancier prétendrait inscrire, en vertu d'une condamnation quelconque obtenue par défaut ; ce n'est qu'un acte conservatoire qui n'a aucune influence sur le droit d'opposition reconnu au défaillant. Il faut, au contraire, supposer une condamnation toute spéciale ; le jugement par défaut ordonne simplement d'inscrire une hypothèque ou d'en radier une déjà inscrite, et l'on suppose que cette inscription ou radiation est la seule exécution qui puisse être donnée au jugement.

Il existe, sur ce genre d'exécution, des textes spéciaux qui à la vérité ne concernent expressément que la radiation des hypothèques, mais on ne doit pas hésiter à étendre la même solution au cas, où c'est une inscription d'hypothèque qui est réclamée, d'autant plus que par leurs termes même ces articles doivent s'appliquer dans tous les cas où le jugement ordonne quelque chose à faire par un tiers ou à sa charge.

Pour donner une idée du système admis par la loi il faut combiner les dispositions des articles 163, 164, 548, 549 et 550. Il en résulte que le tiers, qui est dans l'espèce le conservateur des hypothèques (1), ne devra obtempérer à la réquisition qui lui est faite, que si celui qui réclame la radiation. par exemple, justifie du droit qu'il a de l'obtenir. Pour cela, il fera connaître au conservateur le jugement qui ordonne la mesure dont il poursuit l'exécution. Mais cela ne suffira que si le jugement est contradictoire et en dernier ressort et non dans les cas où il peut être anéanti, dans la suite, par une opposition ou un appel régulièrement formé.

La loi prend alors les précautions suivantes :

Elle prescrit à l'avoué de l'opposant de mentionner l'opposition qu'il forme sur un registre *ad hoc* déposé au greffe (art. 163 (2) faute de quoi le greffier pourra délivrer au demandeur un certificat constatant cette absence et opposition (art. 164).

Or, le conservateur ne peut exécuter le jugement que si on lui représente ce certificat négatif (3). Il doit exiger en

1. Mais la solution devra être étendue à tous les cas analogues.

2. Nous ne nous occupons pas de l'opposition. La solution est la même pour l'appel (art. 549), mais par « avoué de l'appelant » la loi entend désigner celui qui a occupé pour lui en première instance. Boitard, II, n° 803.

3. Cette précaution sera suffisante s'il s'agit d'un jugement sus-

outre, un certificat de l'avoué de celui qui a obtenu le jugement, constatant que ce jugement a été signifié (1) et contenant la date de cette signification. Enfin l'existence de ce
jugement lui est démontrée par la présentation de la grosse.

Dès que ces trois pièces sont présentées au conservateur,
il semblerait résulter de la loi, que la radiation doit nécessairement être opérée ; mais cette solution n'est pas sans
inconvénients.

Elle offre surtout des difficultés en matière d'appel, car
il y a lieu de se demander alors, si dans la circonstance le
délai d'appel ne doit pas être considéré comme suspensif.

Cette question ne se présente pas en cas de défaut faute
de conclure puisque le délai suspensif coïncide alors exactement avec le délai d'opposition. Tout au plus peut-on se
demander alors quelle est l'utilité du certificat de l'avoué (2).

La seule difficulté, qui doive nous préoccuper, concerne le
défaut faute de comparaître et consiste en ce que, l'on se demande alors si le conservateur mis à même de constater
que le jugement existe, qu'on n'est plus dans la période suspensive et qu'il n'y a pas d'opposition, devra immédiatement procéder à la radiation.

La négative serait certaine si l'on était d'accord pour

ceptible d'appel ou d'un jugement par défaut contre avoué ; mais
non si le défaut a été prononcé faute de comparaître. Rien ne prouve
alors que l'opposition n'a pas été formée et inscrite, depuis la délivrance du certificat.

1. A personne ou domicile (art. 548).

2. Il faudrait supposer qu'une signification à personne a dû être
faite, or cela ne se présentera, dans l'hypothèse, que si l'avoué ayant
cessé ses fonctions le défaillant n'en a pas constitué un autre. Aussi
se borne-t-on le plus souvent à faire remarquer que le législateur
dans cette disposition n'avait en vue que le cas d'appel.

décider que le délai d'appel ou d'opposition est alors tout entier suspensif.

Mais la question est très controversée en ce qui concerne l'appel, et conduit en matière d'opposition à des conséquences très graves, quelle que soit la solution qu'on adopte.

On ne peut songer à déclarer que le délai entier est suspensif, car cette solution équivaut à empêcher complètement l'exécution et à entraîner par voie de conséquence la péremption inévitable du jugement obtenu (1). On admettra alors que le conservateur est obligé de procéder à la radiation réclamée, mais cette solution entraînera des objections d'un autre genre. On fera remarquer que cette radiation aura peut-être été opérée au mépris d'une opposition déjà formée, car elle peut l'avoir été quelques heures après la délivrance du certificat ; ou bien même on prétendra plus généralement qu'une exécution ainsi poursuivie en dehors de la partie, n'a pas pu entraîner sa déchéance quant au droit d'opposition et que ce recours sera toujours possible. Mais quelle sera alors son utilité en face d'un acte irréparable comme une radiation d'hypothèque? Tel est l'état de cette question qu'on peut considérer comme insoluble. La meilleure solution consistera donc à n'appliquer la loi et à ne permettre l'exécution, qu'après avoir pris toutes les précautions minutieuses que les circonstances commanderaient. Ce sera donc une pure question de fait et c'est ce qui est généralement admis.

On fera fixer un délai par le tribunal, après lequel le

1. Boncenne, III, p. 85.

tiers sera autorisé à exécuter s'il n'y a pas eu d'opposition (1) ; on avertira le défaillant en lui signifiant au besoin,
par huissier commis, une sommation de se trouver présent tel jour, à telle heure, pour voir opérer la radiation prononcée (2) et l'on déclarera que cette exécution ainsi poursuivie empêchera désormais toute opposition. Malheureusement ces solutions n'ont aucune valeur légale.

1. M. Colmet Daage, note sous Boitard, n⁰ 804.
2. M. Garsonnet, § 1034.

CHAPITRE IV

FORMES DE L'OPPOSITION

Le Code de procédure, sur ce point, a profondément modifié l'ancien droit. Il l'a simplifié en substituant un système unique aux formes multiples qui variaient autrefois suivant la jurisprudence de chaque parlement, et aussi en supprimant certaines formalités.

C'est ainsi, qu'aujourd'hui il n'y a plus lieu de réclamer, de l'opposant, la réfusion préalable des dépens et frais préjudiciaux (1).

C'est là une conséquence de l'abolition générale des lois, décrets et ordonnances antérieurs, comprise dans l'art. 1041 ; et cet argument a d'autant plus de force que cette réfusion des dépens était une sorte de peine civile que le juge ne peut prononcer sans un texte qui l'y autorise, or ce texte n'existe pas dans le Code de procédure. Certains auteurs font cependant remarquer qu'il serait injuste de mettre à la charge de la partie comparante qui succomberait dans la suite, des frais qui ne résultent, en somme, que de la négligence du défaillant (2) ; mais cette

1. Carré, question 671 , Chauveau, *ibid.* ; Boncenne, III, p. 128.
2. Thomine Desmazures, *Commentaire*, 1, p. 304-305, considère

considération ne saurait être admise d'une façon absolue.

Rien n'est moins prouvé, en effet, que cette négligence qu'on invoque et, d'ailleurs, existât-elle réellement, elle ne saurait donner lieu à une peine, puisque les événements ont prouvé que le demandeur avait eu tort d'assigner. Enfin, c'est, en principe, la partie qui succombe qui est condamnée aux dépens et non pas celui qui, ayant formé opposition, a obtenu un jugement qui lui est favorable. Cependant nous constaterons que les tribunaux ont dû tenir compte des considérations pratiques et ont quelquefois mis, à titre de dommages intérêts, ces dépens à la charge de l'opposant, lorsqu'il s'était laissé condamner dans le seul but d'aggraver les charges de son adversaire, car les juges ont la faculté de prononcer cette condamnation en vertu de leur pouvoir d'appréciation sur l'application des dépens (1).

Désormais les dépens ne sont plus dus en principe par le défaillant, il serait même dangereux pour lui de les payer, puisque nous avons vu qu'il pourrait ainsi se fermer la voie de l'opposition. Cependant, il ne faudrait pas, dans ce sens, considérer comme un acquiescement l'opposition qu'il aurait faite à la taxe desdits dépens (2).

Le législateur a naturellement consacré, dans l'étude des formes de l'opposition, la division générale qu'il avait adoptée, ce qui nous oblige à diviser ce chapitre, comme le

que la partie défaillante ayant succombé, doit être condamnée aux dépens pourvu qu'il ne soient pas frustratoires (art. 130).

1. Chauveau Carré, II, quest. 671 ; Dutruc, *Supplément*, II, n° 323, citant : Caen, 4 juillet 1826 ; Cass., 1er mars 1848 et 25 juin 1855.

2. Nimes, 15 décembre 1810 ; Chauveau, *op. et loc. cit.*

précédent, en deux sections analogues. Nous devrons cependant, avant toute distinction, faire remarquer que l'opposition comprend, en principe, deux actes différents : 1° le refus par le défendeur d'exécuter le jugement qui l'a condamné par défaut, 2° la voie de recours proprement dite, qui est une demande au tribunal de rétracter ce jugement.

Ces deux actes seront quelquefois séparés, dans quelques cas ils se confondront en une seule manifestation de volonté. C'est ce qui se présentera toujours dans l'hypothèse d'un jugement par défaut faute de conclure.

Section première.

Formes de l'opposition au jugement rendu par défaut faute
de conclure.

La loi veut que, dans ce cas, l'opposition soit formée rapidement et simplement. Rapidement puisque nous avons vu que le délai accordé n'est que de huit jours ; simplement comme nous allons le remarquer en examinant les articles 160 et 161.

« Art. 160. Lorsque le jugement aura été rendu contre « une partie ayant un avoué, l'opposition ne sera receva « ble qu'autant qu'elle aura été formée par requête d'a « voué à avoué ».

Art. 161. « La requête contiendra les moyens d'opposi « tion, à moins que des moyens de défense n'aient été si « gnifiés avant le jugement, auquel cas il suffira de décla

11

« rer qu'on les emploie comme moyens d'opposition ; l'op-
« position qui ne sera pas signifiée dans cette forme n'ar-
« rêtera pas l'exécution ; elle sera rejetée sur un simple
« acte, et sans qu'il soit besoin d'aucune autre instruction ».

Il n'y a donc qu'un seul moyen de former opposition
dans ce cas, et ce moyen c'est une « requête d'avoué à
avoué ». Il importe de bien déterminer ce qu'il faut entendre par là, d'autant plus qu'une controverse s'est élevée
à ce sujet.

On a prétendu, en effet, que la loi, en employant le mot
requête, avait entendu consacrer dans le Code l'ancienne
tradition reconnue par les commentateurs de l'ordonnance
de 1667 (1) et qu'il fallait exiger non pas un simple acte
d'avoué à avoué mais une demande adressée par l'avoué
de l'opposant au président du tribunal qui « la répondrait
d'une ordonnance ». Un certain nombre d'arrêts ont consacré cette solution, ajoutant aux arguments déjà cités cette
considération que, l'opposant voulant suspendre l'exécution d'une décision judiciaire, il n'est pas convenable de
rechercher ce résultat en dehors de toute intervention des
magistrats qui ont rendu le jugement par défaut (2).

Mais, nous n'admettrons pas cette solution qui est aujourd'hui généralement repoussée. Il n'y a pas ici de requête, mais un simple acte d'avoué à avoué. En effet, une

1. Titre 35, art. 3. Jousse sur cet article.
2. Garsonnet, V, § 1041, note 5 ; Bioche, IV, au mot *Jugement par
défaut*, n° 294 ; Boncenne, III, p. 134 ; Riom, 3 mai 1816, *Collect.
nouv.*, V, 2, 137 ; 20 novembre 1821, VI, 2, 488 ; 30 mai 1829, *J. du
Palais*, 22, p. 1081 ; 18 mai 1830, D. 33, II, 114 ; Rouen, 8 frimaire an
X ; *Collect. nouv.*, I, 2-40.

requête ne se comprendrait que si l'on voulait introduire une nouvelle instance mais non rentrer dans une instance déjà ouverte, et où l'opposant avait déjà paru (1). Sans doute la loi emploie le mot requête, mais on doit déclarer que les législateurs n'ont voulu attacher aucune importance à ce mot, ils ont entendu désigner par là un acte d'avoué à avoué, ainsi qu'ils l'ont fait dans l'art. 847 ; cela est conforme à l'article 2 de la loi du 3 brumaire an II qui a supprimé en principe l'usage des requêtes, et résulte du Code lui-même qui énumère dans de nombreux articles les cas où une ordonnance est nécessaire et qui n'y comprend pas la requête d'opposition. (Art. 191, 297, 558, 805, 819, 826, 832, 834, 861, 875, 876, 890, 891). Cette opinion est confirmée par le silence du décret du 16 février 1807 et, en ce qui concerne l'ancien droit, par l'abrogation générale que comprend l'article 1041. Nous ajouterons à ces arguments deux considérations de fait assez importantes. En premier lieu le législateur fait courir le délai d'opposition du jour de la signification à avoué ; or, une telle solution dans l'opinion que nous combattons serait inadmissible, en ce qu'elle aurait pour effet de réduire le délai d'opposition à des limites si étroites que ce serait en réalité rendre impossible l'exercice de cette voie de recours. La seconde remarque, c'est qu'il serait puéril d'obliger la partie à demander au président une autorisation qu'il lui est impossible de refuser, puisque ce n'est pas lui, mais le tribunal entier, qui est compétent pour statuer sur le mérite de l'opposition. Enfin il est certain qu'aujourd'hui on désigne sous le

1. Boncenne, *op. et loc. cit.*

noni de requêtes de simples actes d'avoué à avoué, commençant par ces mots « A Messieurs les président et juges de tel tribunal », bien qu'en réalité le tribunal n'en prenne jamais connaissance (1).

Ce simple acte d'avoué à avoué est, avons-nous dit, le seul moyen de former opposition. Cela résulte des termes formels de nos articles et de la sanction sévère établie par l'article 161. L'exécution ne sera pas arrêtée par une opposition qui se présenterait sous une autre forme, quelle qu'elle soit, alors même qu'elle offrirait à l'adversaire une garantie plus forte, par exemple une opposition formée par exploit signifié à domicile (2).

Mais à quelles conditions cet acte d'avoué est-il soumis? quelles énonciations doit-il contenir?

Laissant de côté, pour le moment, la disposition de l'article 161, nous ferons remarquer que cet acte n'a pas besoin de contenir toutes les mentions d'un exploit d'ajournement, car l'art. 61 ne vise que ce genre d'exploit et on ne peut étendre une nullité par analogie. C'est d'ailleurs un acte du palais, et les huissiers audienciers, qui notifient ces actes, se bornent, en général, à en indiquer l'objet principal sans l'accompagner des renseignements accessoires qui peuvent être utiles dans un acte signifié à partie (imma-

---

1. En ce sens : Cass., 19 germinal an IV, C. N., I, 1 50; 3 février 1835, S. 35,I,186 ; Rodière,I,303 ; Besançon,8 juillet 1852,J. *du Palais*, 52, II, 396.

2. Paris, 25 mars 1816, D. A. *Jugement par défaut*, n° 269. A plus forte raison la même solution a été admise dans le cas où le défaillant s'était contenté de former son opposition par déclaration lors de la notification du jugement. Toulouse, 17 mars 1807, D. A. *l° cit*.

tricule de l'huissier, nom de l'avoué requérant, etc...), mais qui, par la force des choses, seront nécessairement connus de l'avoué, ou peuvent être facilement suppléés par lui. C'est ainsi que l'acte pourra ne pas contenir d'assignation puisqu'un simple avenir suffira (1), et que l'huissier pourra même se dispenser de faire mention du tribunal qui doit connaître de l'opposition (2) ; au contraire la désignation exacte, tant de la date du jugement et de sa signification que de celle de la requête, sera rigoureusement exigée, car on doit pouvoir reconnaître, à la seule inspection de l'exploit, si l'opposition a été formée dans les délais (3). Cependant la date du jugement est moins importante, aussi faut-il pardonner son inexactitude si toutefois il est prouvé qu'aucune erreur n'était possible sur l'identité du jugement visé (4). Il n'en est pas de même en ce qui touche la date de l'exploit, elle devra figurer tant sur la copie que sur l'original, sans quoi on présumera que l'opposition a été formée en dehors du délai. Cette présomption ne serait pas détruite par la présentation d'un original daté et enregistré (5). D'ailleurs il faut, à peine de nullité, que ce soit un acte d'avoué à avoué, et l'acte qui, émané d'un avoué, serait signifié à personne ou domicile, ou encore celui qui serait signifié à avoué mais à la requête de la partie seulement,

1. Bruxelles, 22 août 1807, *J. du Palais*, VI, 276.

2. Bioche, *v° cit.*, n° 293 ; Rousseau Laisney au mot *Jugement par défaut*, V, n° 248 ; M. Garsonnet, V, p. 452, note 9 ; Chauveau Carré, II, question 670 ; Nîmes, 12 février 1807 ; *J. du P.*, V, 677.

3. Chauveau Carré, I, question 282.

4. M. Garsonnet, *ibid.*, note 8 ; Cass., 2 avril 1823 ; *J. du P.*, XVII, p. 1007 ; Orléans, 22 janvier 1851, D. 51, II, 147.

5. Chauveau Carré, question 637 ; Bioche, *v° cit.*, n° 240 ; Bruxelles, 30 avril 1807, *J. du Palais*, VI, p. 61.

ne saurait produire effet alors même que ce dernier contiendrait constitution d'avoué, il sera donc nécessaire que cet acte soit signé d'un avoué au moins sur l'original, avec mention de cette signature dans la copie. Mais il vaudrait mieux que la copie fût signée comme l'original (1).

Une exception à cette règle devra cependant être admise en vertu des observations suivantes. L'un des deux avoués, en effet, peut cesser ses fonctions (2). Si c'est l'avoué du défaillant, celui-ci devra en constituer un autre pour signifier la requête d'opposition. Si c'est, au contraire, l'avoué du demandeur, la situation est plus délicate. Nous avons vu, qu'on décide généralement, que le délai ne court qu'à partir de la nouvelle constitution. Mais on fait remarquer que cette faculté, conférée au défaillant, ne saurait se retourner contre lui et que, si la constitution d'avoué se fait attendre, le défaillant peut faire opposition par exploit signifié à personne ou domicile (3).

Mais à côté de ces énonciations communes à tous les actes d'avoué à avoué, la loi prescrit dans la requête d'opposition une formalité d'un genre spécial, elle exige, dans l'ar-

---

1. Chauveau Carré, II, question 669 ; Rousseau Laisney, V. *Jugement par défaut*, n° 252 ; Toulouse, 2 novembre 1808 ; Paris, 25 mars 1816, *J. du Palais*, VII, p. 188, XIII, p. 354 ; Toulouse, 25 novembre 1847, rapporté par Chauveau, *op. et loc. cit.*

2 Même observation en cas de révocation. Cette révocation pourrait être tacite et résulter de la constitution d'un nouvel avoué (M. Garsonnet, V, note sous le § 1044).

3. Arrêt de cassation, rejet, 5 juillet 1894 et la note de M. Levillain ; Pigeau, *Procéd. civile*, I, p. 550-551. On applique en matière de délai une décision qui n'est donnée par la loi qu'au sujet du défaut faute de comparaître (art. 162), voir section II.

ticle 161 § 1, que la requête signifiée contienne les moyens d'opposition ; le défaillant devient donc demandeur dans une certaine mesure, et au lieu de rester simplement sur la défensive, il est obligé d'énoncer ses moyens (1). On entend, par là, les nullités, exceptions, fins de non recevoir, et moyens de fond par lesquels l'opposant se propose de combattre les conclusions de son adversaire (2). C'est dans le but d'accélérer la marche des affaires, que cette disposition a été introduite dans la loi, et cela dans l'intérêt de l'opposant lui-même, car s'il est obligé de venir prêt, son adversaire, au contraire, a le droit de demander une remise, ce qui arriverait toujours, si l'opposant avait encore la faculté (qui lui était reconnue dans l'ancien droit) de ne présenter ses moyens qu'à l'audience. On veut aussi que, par la seule vue de la requête, l'autre partie et les juges soient à même de constater qu'ils se trouvent en face d'une opposition sérieuse.

Nous remarquerons, cependant, que la loi a, dans la même disposition, diminué considérablement la valeur du principe posé en le restreignant par une règle spéciale que nous étudierons plus loin.

Les moyens énoncés dans la requête doivent être sérieux et spécifiés d'une façon précise. Cependant, les tribunaux ont, sur ce point, un large pouvoir d'appréciation. C'est ainsi qu'on a décidé : que celui qui invoque la nullité d'un acte, doit indiquer quelle est exactement la cause de cette

1. Pigeau, *Comm.*, I, 367.
2. Chauveau Carré, édition Dutruc, II, p. 123, note sous l'article 161.

nullité (1), qu'il ne suffit pas de prétendre que le rapport d'expert homologué par le jugement qu'on attaque « fourmille de vices » (2), qu'on ne doit pas se contenter de dire que l'arrêt par défaut était contraire à la vérité, en ce qu'il avait déclaré irrégulier un appel qui, en réalité, avait été formé régulièrement (3) ; d'un autre côté il a été jugé suffisant d'invoquer d'une façon générale la nullité de l'exploit d'ajournement (4), de prétendre, contre le jugement portant condamnation de payer une certaine somme, qu'on ne doit rien au demandeur (5), ou d'invoquer la fausseté d'une pièce produite en se réservant le droit de s'inscrire en faux contre elle (6), ou encore de motiver son opposition sur le fond alors que l'arrêt aurait été rendu sur une question de forme (7).

D'ailleurs il est inutile de développer les moyens qu'on invoque. On peut même, dans une certaine mesure, se dispenser de les invoquer dans la requête. Cela ressort de deux dispositions des articles 161 et 162.

Le dernier alinéa de l'art. 162, bien qu'il ne soit écrit que pour le défaut faute de comparaître, s'étend néanmoins sans difficulté à l'hypothèse qui nous occupe, et il en résulte que l'opposant aura la faculté de produire de nouveaux moyens à l'audience (8), sous la seule condition d'avoir fait

1. Bourges, 24 août 1808, *J. du P.*, VII, p. 113.
2. Toulouse, 17 décembre 1832, D. 33, II, 133.
3. Toulouse, 16 juin 1842, *J. du P.*, XXXIX, p. 371.
4. Bruxelles, 27 janvier 1818, D. A. *Exploit*, n° 80.
5. Rouen, 11 décembre 1857, D. 58, V, 223.
6. Bourges, 1er février 1886, D. 87, II, 20.
7. Toulouse, 5 août 1843, Dutruc, *Supplément*, II, 284.
8. Thomine, I, p. 306, n° 192.

des réserves dans la requête et sous la seule sanction de ne pouvoir faire entrer les nouveaux frais en taxe. C'est ainsi que la loi va permettre des remises qu'elle semblait avoir voulu éviter, mais on comprend qu'il était difficile de refuser à l'opposant le droit de se servir de moyens dont il n'avait peut-être pas connaissance au moment de la requête.

La disposition de l'article 161 est beaucoup plus large, elle prévoit des cas où l'opposant sera dispensé d'invoquer ses moyens : — « à moins, dit en effet l'article — que des moyens « de défense n'aient été signifiés avant le jugement, auquel « cas il suffira de déclarer qu'on les emploie comme moyens « d'opposition ».

Cette disposition doit être comprise en ce sens qu'on peut se référer à des actes quelconques, pourvu que l'adversaire en ait eu une connaissance légale (1). C'est pourquoi on ne saurait renvoyer à des moyens simplement plaidés, car l'adversaire peut les avoir oubliés s'ils n'ont pas été signifiés (2), à moins que ces moyens ne soient indiqués sommairement dans le jugement de première instance (3), ou que la requête se réfère implicitement à un acte d'appel régulièrement signifié (4). Il faut cependant que les moyens qui y sont invoqués ne soient pas eux-mêmes obscurs et confus (5).

En tous cas, il ne suffirait pas de s'en référer simplement à un article du Code, ni d'invoquer les conclusions précé-

1. Toulouse, 30 juillet 1834, D. 35, II, 17.
2. Pigeau, *Comm.*, I, p. 367.
3. Bourges, 14 mars 1809, *J. du P.*, VII, p. 444.
4. Douai, 8 février 1872, Dutruc, II, *Jugement par défaut*, n° 284.
5. Riom, 22 février 1847, Dutruc, *v° cit.*

demment prises par le ministère public, à moins qu'elles n'eussent été consignées dans le jugement.

D'ailleurs l'énonciation des moyens est exigée de tout plaideur, même du ministère public formant opposition au nom de l'Etat ou d'une administration.

Mais est-elle exigée en toutes matières? La question ne fait pas de doute, pour les matières ordinaires, mais elle est controversée en ce qui concerne les matières sommaires.

Il est certain que la requête est nécessaire dans les deux cas (1), mais il n'est pas aussi sûr que la même solution doive être admise pour l'énonciation des moyens. Certains auteurs (2) ont invoqué la disposition de l'article 405, aux termes duquel les affaires sommaires doivent être jugées à l'audience, sur un simple acte, sans autres procédures ni formalités, et ont fait remarquer qu'il serait bizarre de permettre au défendeur de fournir, après le jugement, des moyens écrits qu'il n'aurait pas pu produire avant que la décision eût été rendue. En outre, a-t-on dit, cette distinction, qui n'est pas dans la lettre de la loi, ressort évidemment de son esprit. Les moyens d'opposition sont exigés pour suppléer aux écrits de défense ; ils seront donc inutiles là où ces écrits sont interdits (3).

Cependant, nous n'hésiterons pas à repousser cette opinion et à déclarer que la prescription de la loi doit être entendue d'une façon très générale (4). Cette extension est

1. M. Garsonnet, § 1041.
2. Pigeau, *Procédure civile*, I, p. 547.
3. Carré II, question 673.
4. M. Garsonnet, V, § 1041 ; Bioche, IV, *v° cit.*, n° 299 ; Rousseau Laisney, V, *v° cit.*, n° 261.

commandée tant par la loi que par la raison. L'article 405, en effet, ne vise à simplifier que les procédures antérieures au jugement, et non celles qui lui sont postérieures. On en trouve une preuve dans les articles 20 et 437, qui prescrivent l'énoncé des moyens dans l'opposition aux jugements tant des juges de paix que des tribunaux de commerce, toutes causes essentiellement sommaires. Sans doute, il a été décidé que cette formalité n'était pas ici prescrite à peine de nullité (1). Mais cette observation ne saurait empêcher de constater que les matières sommaires ne répugnent pas à la signification préalable des moyens d'opposition.

Bien mieux, nous dirons que c'est en ces matières mêmes que l'énoncé des moyens est le plus nécessaire, parce que, à la différence des matières ordinaires, il ne reste que peu de traces de l'instruction qui a précédé le jugement. Mais nous ne conclurons pas de là que le demandeur aurait, pour cela, le droit de répondre à ces moyens par des écrits, ce qui serait formellement contraire à la pensée de la loi.

Section II.

Formes de l'opposition au jugement rendu par défaut
faute de comparaître.

Les règles qui ont été posées par la loi en cette matière sont comprises dans l'article 162.

1. Req., 27 juillet 1887, D. 89, I, 37.

« Lorsque le jugement aura été rendu contre une partie
« n'ayant pas d'avoué, l'opposition pourra être formée,
« soit par acte extrajudiciaire, soit par déclaration sur les
« commandements, procès-verbaux de saisie ou d'empri-
« sonnement, ou tout autre acte d'exécution, à la charge
« par l'opposant de la réitérer avec constitution d'avoué,
« par requête, dans la huitaine ; passé lequel temps elle ne
« sera plus recevable, et l'exécution sera continuée sans
« qu'il soit besoin de la faire ordonner.

« Si l'avoué de la partie qui a obtenu le jugement est
« décédé ou ne peut plus postuler, elle fera notifier une
« nouvelle constitution d'avoué au défaillant, lequel sera
« tenu, dans les délais ci-dessus, à compter de la signifi-
« cation, de réitérer son opposition par requête, avec cons-
« titution d'avoué.

« Dans aucun cas, les moyens d'opposition fournis pos-
« térieurement à la requête n'entreront en taxe. »

Nous aurons à nous préoccuper, d'abord, de ces règles
elles-mêmes, mais il nous faudra, en second lieu, rechercher
s'il n'y aurait pas lieu de les compléter et d'admettre certaines solutions spéciales, commandées tant par les circonstances que par l'esprit même de la loi.

A. — *Règles de l'article 162.*

Sur ce premier point, la loi, supposant que le défaillant
a pu ignorer le jugement qui le condamne, lui donne plusieurs moyens pour former son opposition, et d'abord elle
l'autorise à la former par acte extrajudiciaire, c'est-à-dire
par un exploit quelconque dont la valeur sera appréciée

en fait par les tribunaux (1), et qui ne contiendra pas nécessairement les moyens, puisque ceux-ci seront établis
plus tard dans la requête (2). Mais la partie peut se trouver encore dans une position plus critique, c'est au moment de l'exécution qu'elle apprend sa condamnation.
La loi lui donne, alors, un moyen rapide et très approprié
aux circonstances : il suffira d'une simple déclaration sur
les actes ou préliminaires d'exécution, déclaration consignée dans le procès-verbal de l'huissier, pour obliger celui-ci à surseoir immédiatementà l'exécution projetée.Mais
cet effet ne saurait se produire que si le défaillant a déclaré
s'opposer au jugement et non pas seulement à un acte
d'exécution.

Faut-il aussi ne reconnaître ce droit qu'au défaillant lui-
même ? On conçoit que cette solution pourrait avoir des
inconvénients graves, si l'huissier s'était présenté pour
exécuter, pendant une absence du condamné, et n'avait rencontré qu'un membre de la famille ou même un voisin.
Ces personnes pourront sans doute former opposition, si
elles ont mandat pour cela, mais cette circonstance ne se
présentera que très exceptionnellement. Dans les autres cas
nous admettrons cependant la même solution, c'est la plus
simple et c'est aussi celle qui protège le mieux le défaillant, cependant elle présente des inconvénients, notamment
ceux qui résultent de ce que les actes des tiers ne peuvent, en l'absence d'un mandat, ni profiter, ni nuire aux
parties elles-mêmes. Ce raisonnement conduirait même à
refuser ce droit à tous les tiers quels qu'il soient (3). Mais

1. Req., 23 octobre 1888, D. 89, 1, 188.
2. Bioche, *op. cit.*, *v° cit.*, n° 253.
3. Favard de Langlade, IV, p. 48.

les auteurs admettent, pour la plupart, des solutions intermédiaires, en restreignant ce droit tantôt aux gens ou agents
du défaillant (1), tantôt à sa femme ou à ses proches pa-
rents (2), afin, dit-on, d'éviter que par fraude on ne profite
d'une absence du défaillant, pour lui fermer la voie d'opposition au moyen d'une exécution précipitée.

Mais l'huissier agira prudemment en s'abstenant d'exécuter dès qu'une déclaration d'opposition lui aura été faite,
car il n'est pas juge des pouvoirs de l'opposant et devrait,
pour mettre sa responsabilité à couvert, introduire, dans
ce cas, un référé (3).

Si la déclaration étant émanée de la partie elle-même
l'huissier se refusait à en tenir compte, l'intéressé pourrait
faire notifier son opposition par acte extrajudiciaire, et introduire un référé pour arrêter l'exécution, ou bien charger
un notaire de constater le refus illégal de l'huissier (4).

Ainsi se trouve réalisée la première phase de l'opposition, l'exécution a été arrêtée ou prévenue. Mais il ne fallait pas que la protection de la loi fût un moyen indirect
de faire traîner le procès en longueur, aussi l'article 162,
réalise-t-il la garantie due au demandeur, en prescrivant
au défaillant de réitérer, dans la huitaine, son opposition
par requête (5).

Il fera donc notifier à son adversaire, pour lui permettre

1. Demiau Crouzilhac, p. 134 ; Chauveau Carré, question 677 ;
M. Garsonnet, V, p. 458.
2. Carré, *op. et loc. cit.*
3. M. Chauveau, *ibid.*
4. Carré, question 676.
5. Boitard, I, n° 335.

de faire juger l'affaire aussitôt qu'il le voudra, une requête
contenant constitution d'avoué, mais qui pourra être signifiée à personne ou domicile, car elle n'est pas un acte
d'avoué à avoué (1). La question cependant donne lieu à
controverse (2). On a invoqué, pour soutenir qu'un acte
d'avoué à avoué était ici nécessaire, l'analogie de notre
disposition avec celle de l'article 160 et on ajoute que le
second alinéa de l'article 162, que nous étudierons plus
loin, n'a de raison d'être que si l'on admet qu'il est nécessaire de signifier à avoué l'exploit dont il s'agit. Nous re-
poussons néanmoins cette solution, car le premier alinéa
de ce même article est formel et n'exige qu'une simple
requête sans spécifier, comme l'article 160, qu'une requête
d'avoué à avoué est ici nécessaire. Reste l'argument tiré
du second alinéa, il est assez sérieux, mais ne saurait pour
cela nous arrêter. Nous ferons remarquer, en effet, que
le but des législateurs a été ici de favoriser le défaillant,
cela résulte des travaux préparatoires, notamment des
observations du Tribunat. C'est pour lui un droit, que de
signifier sa requête à l'avoué du demandeur, plutôt qu'à la
personne même de celui-ci ou à son domicile peut-être
très éloigné, sinon inconnu, et c'est pour sanctionner ce
droit, que l'article 162 exige une nouvelle constitution
d'avoué de la part du gagnant dont l'avoué a cessé ses
fonctions. Mais ce droit ne saurait se retourner contre le
défendeur lui-même pour l'obliger à faire la signification

1. Chauveau Carré, question 680 ; M. Garsonnet, V, § 1045, note
13 ; Montpellier, 8 janvier 1824, D. A. *v° cit.*, n° 296.
2. Bonnier, p. 147-148.

à avoué s'il préfère notifier directement la requête à son adversaire (1).

Mais cette requête ne devra-t-elle pas, en outre, contenir certaines autres mentions, notamment l'énonciation des moyens d'opposition ? La question est douteuse, et la difficulté résulte de la différence de rédaction qui existe entre les articles 161 et 162. Ce dernier, en effet, est complètement muet sur le point qui nous occupe, et bien que l'énonciation des moyens présente dans les deux cas la même utilité, certains auteurs refusent d'étendre, à la seconde hypothèse, la sanction sévère édictée pour la première. On se prévaut de ce que les nullités ne sauraient être étendues par voie d'analogie et l'on décide que la sanction unique serait dans ce cas, l'exclusion de la taxe prononcée par le dernier alinéa de l'article 162 (2).

Nous admettrons néanmoins l'opinion contraire qui décide que, dans les deux cas, la nullité doit être rigoureusement prononcée. Il faut reconnaître cependant que le texte de l'article 162 paraît formellement contraire à notre doctrine, mais elle a en sa faveur des considérations très puissantes.

En raison d'abord, la situation étant la même dans les deux cas, on ne saurait admettre que la loi ait voulu faire une distinction injustifiée, les mêmes motifs peuvent être invoqués en faveur de l'énonciation des moyens et la loi elle-même a posé une règle unique en ce qui concerne l'exclusion de la taxe. Enfin, les travaux préparatoires sont absolument conformes à notre opinion (3). Dans le projet,

1. M. Garsonnet, *v° cit.*, note 16.
2. Demiau Crouzilhac, p. 135 ; *Contrà*, Carré, quest. 688.
3. Locré, tome XXI, p. 211 et 431, n° 87.

les deux articles 161 et 162 étaient confondus en un seul.
Le but du législateur était donc très clair, il voulait poser
pour les deux cas des règles analogues. Or cette idée est
certainement celle qui a passé dans le Code, puisqu'il résulte de la discussion que la division en trois articles n'a
été opérée qu'en vue d'obtenir une plus grande précision
et nullement dans l'intention de transformer le fond du
droit.

Nous exigerons donc que la requête contienne les moyens,
à peine de nullité, mais, comme dans la section précédente,
nous permettrons d'y insérer des réserves générales et de
signifier dans la suite des moyens complémentaires. Ces
moyens pourraient même être invoqués, pour la première
fois, dans les plaidoiries, pourvu qu'il ne s'agisse pas de nullités ou exceptions qui soient de nature à se couvrir par la
défense au fond (1). La seule sanction, ainsi que nous l'a-
vons déjà fait remarquer, consistera en ce que l'opposant
devra supporter lui-même les frais qui en résultent, quelle
que soit d'ailleurs la cause d'excuse qu'il pourrait invoquer;
car la loi a une portée générale. Cependant il serait logique d'admettre en taxe ceux de ces moyens qu'il lui était
impossible de fournir au début (2).

Mais sont-ce là les seules énonciations que devrait contenir cette requête, et ne faudrait-il pas exiger, en outre,
qu'on y insérât, soit une assignation si elle a été signifiée à
personne ou domicile, soit un avenir si elle l'a été à avoué? On
l'a soutenu sous ce prétexte que telle était la solution don-

1. Il y aurait donc exception si l'ordre public était intéressé. Bourges, 8 décembre 1855, D.56, II, 73 ; Cass., 11 août 1862, D. 62, I. 348.
2. M. Garsonnet, V, § 1045, note 22.

née par l'ordonnance de 1667, en matière commerciale, et
aussi parce que cette solution serait conforme à l'esprit général de la loi qui est d'économiser les frais et le temps. Nous
ne nions pas que cette solution serait très raisonnable, mais
nous ne saurions, cependant, l'admettre. En effet, la loi est
absolument muette, elle ne prononce pas la nullité et l'on
ne peut pas l'étendre par analogie. Cette solution concorde
d'ailleurs avec le système de la loi. Pour elle, le but principal
cipal de la réitération par requête c'était la constitution d'un
avoué. Cela seul était indispensable, car c'était la seule formalité que l'adversaire ne pût pas suppléer ; il n'en est pas
de même pour l'assignation et l'avenir, car l'avoué étant
constitué, chacune des parties peut faire venir l'affaire dans
un court délai, par une simple sommation d'audience (1).
De même l'énonciation de la date du jugement attaqué n'est
pas prescrite à peine de nullité (2).

Mais il ne suffisait pas d'ordonner cette réitération, il
fallait, pour atteindre le but poursuivi, fixer un délai dans
lequel elle devrait être faite. C'est pourquoi notre article
oblige l'opposant à réitérer son opposition « avec constitution d'avoué, par requête *dans la huitaine* ».

Que faut-il entendre par là ? C'est évidemment un délai
qui a pour point de départ le jour même de la déclaration
faite par l'opposant. Cette observation serait même inutile
si on n'avait pas, à ce sujet, élevé une prétention bizarre
dont la jurisprudence a fait justice. Il était en effet impossible de traduire la loi en ce sens que le seul délai qu'elle

1. M. Garsonnet, *op. et loc. cit.*, p. 459 ; Bioche, *v° cit.*, n° 273 ;
Chauveau Carré, II, quest. 685.
2. M. Garsonnet, *ibid.*

accorde aurait été en réalité double, et que l'opposant aurait eu un premier délai de huit jours pour déclarer son opposition et un second délai de même durée pour la réitérer. Cela est manifestement inexact, le délai est unique et il court à partir de la déclaration (1 , mais le jour *a quo* n'en fait pas partie ; au contraire, nous y compterons le jour *ad quem*, car à notre avis ce délai n'est pas franc. Cela résulte de la loi qui emploie la formule inclusive « *dans* la huitaine », et en outre, l'article 1033 ne saurait intervenir ici, car il ne concerne que les délais donnés pour obtempérer à une sommation à personne ou domicile et non ceux qui, comme dans l'espèce, ne sont donnés que pour réitérer spontanément une opposition (2). Cependant l'opinion contraire fait valoir cette considération que l'acte extrajudiciaire, qui dans certains cas constituera l'opposition, est signifié à personne ou domicile (3) et, en outre, que la situation de la partie qui forme opposition est analogue à celle du défendeur auquel un ajournement est signifié. Mais on ne peut admettre cette solution en présence des termes de la loi, et, d'ailleurs, il sera donné satisfaction suffisante aux partisans de cette doctrine si l'on admet, comme nous le pensons, que la huitaine légale devra se trouver augmentée à raison de la distance qui existe entre le domicile de l'opposant et le siège du tribunal compétent, car sans cela on aurait pu rendre la réitération impossible pour celui dont le domicile est très éloi-

1. Req., 1er février 1886, D. 87, I, 130 ; Req., 27 avril 1887, D. 88, I, 271.

2. M. Garsonnet, p. 460-461 ; Boncenne, III, p. 127 ; Bioche, *v° cit.*, nos 260-261.

3. Pigeau, *Procéd.*, I, p. 546 ; Carré, question 678.

gné, puisqu'il est obligé de constituer préalablement un avoué de ce siège (1). Cela a d'ailleurs été affirmé dans les travaux préparatoires (2).

Mais bien que cela ait été jugé (3), le délai ne peut pas être restreint à raison de l'urgence, car ce serait ordonner l'exécution provisoire par un autre jugement que celui qui a prononcé le défaut, et l'on ne saurait affirmer que la disposition établie pour les ajournements par l'article 72 doive être étendue à l'hypothèse qui nous occupe (4).

Nous arrivons maintenant au cas prévu par le second paragraphe de l'article 162 dont nous avons déjà eu occasion de parler. On suppose que l'avoué du demandeur a cessé ses fonctions, alors que le défendeur n'avait pas encore déclaré son opposition ou que le délai de huitaine, qui lui est accordé pour la réitérer, n'était pas encore expiré. La solution de l'article est alors la suivante :

La partie qui a obtenu le jugement « fera notifier une « nouvelle constitution d'avoué au défaillant, lequel sera « tenu, dans les délais ci-dessus, à compter de la significa-« tion, de réitérer son opposition par requête avec consti-« tution d'avoué. »

Cela pourra sans doute entraîner une augmentation considérable du délai (5), mais le demandeur n'aura pas lieu

1. Boncenne, III, p. 128.
2. Locré, XXI, p. 433, n° 188.
3. Paris, 16 janvier 1807, *J, du P.* V, p. 628 ; Besançon, 15 avril 1854 cité par Dutruc, *Supp.*, II, *Jugement par défaut*, n°s 308-309.
4. Pigeau, *Comm.*, I, p. 369.
5. D'après l'opinion que nous avons exprimée plus haut. Ce passage des travaux préparatoires est même une preuve de plus en faveur de la doctrine que nous avons exposée.

de s'en plaindre puisqu'il lui est facile de restreindre ce délai dans de sages limites en s'empressant de constituer avoué.

Cependant une autre solution était possible. Il suffisait de rendre obligatoire ce qui est facultatif d'ordinaire (1) et de prescrire que, dans ce cas, la requête serait remplacée par un exploit signifié à personne ou domicile avec assignation en constitution de nouvel avoué. C'était la solution qui avait été admise par le Conseil d'Etat (2). Mais le Tribunat fit remarquer, avec raison, qu'elle était trop sévère pour l'opposant et qu'il n'était pas logique de l'obliger à rechercher si le demandeur avait conservé son avoué. On décida donc que ce serait celui-ci qui devrait fixer le point de départ du délai, en constituant un nouvel avoué et en notifiant cette constitution au défendeur (3).

Telle est la disposition de l'article 162, disposition qui s'appliquera certainement au défaut faute de comparaître. Mais il y a sur ce point une question dont nous avons déjà dû parler incidemment. On se demande s'il n'y aurait pas lieu d'appliquer cette disposition au défaut faute de conclure. Nous avons admis l'affirmative et c'est, en effet, l'opinion la plus généralement adoptée.

On lui oppose cependant des arguments, qui paraissent assez sérieux au premier abord, mais qui doivent cependant être écartés.

L'art. 162, dit-on, n'est écrit que pour le cas d'un défaut

1. Car il est certain qu'il y a ici interruption et non suspension du délai.
2. Locré, XXI, p. 281.
3. Locré, *ibid.*, p. 433.

contre partie et sa disposition ne se trouve pas reproduite
dans les articles qui traitent du défaut contre avoué ; en outre,
la loi, en employant plus loin le mot « *réitérer* », semble bien
supposer qu'un acte antérieur d'opposition a été fait, hypothèse qui ne peut se présenter que s'il y a eu défaut de
comparution. Nous ferons cependant observer que cet argument, basé sur un mot de la loi, n'est pas très concluant
par lui-même, il est peut-être le résultat d'une inadvertance
du législateur et ne saurait, par conséquent, être invoqué
en l'absence de l'argument principal. Or, nous prétendons
que cet argument lui-même n'a aucune valeur et que la loi
ici parait dire le contraire de ce qu'elle veut. Nous en trou-
vons la preuve dans les travaux préparatoires. En effet, le
projet tel qu'il avait été soumis au Tribunat, réunissait dans
un même numéro (1), les dispositions comprises dans les
articles 161 et 162, al. 1. C'était mettre sur la même ligne
les jugements faute de comparaitre et ceux rendus faute de
conclure. Le Tribunat préféra intervenir et rattacher au
n° 155 le dernier alinéa du n° 154 qui devint alors l'article
161. Mais on n'avait pas la prétention pour cela de changer
en quoi que ce soit l'esprit de la loi. Tout ce qu'on désirait
c'était d'améliorer la forme primitive. Ce changement n'en
est pas moins déplorable (2), mais on comprend qu'il ne
faut pas lui donner une autre portée que celle qu'il doit avoir
en réalité. Nous ajouterons que la solution contraire serait
tout à fait illogique car les raisons qu'on pourrait invoquer
en faveur du système de l'article 162 se présentent d'une
façon identique dans l'autre hypothèse.

1. C'était le numéro 154 ; Locré, tome XXI, p. 433.
2. Chauveau Carré, question 688 *bis*. Note de M. Levillain sous
l'arrêt de cassation, Rejet du 5 juillet 1894.

B. — *Solutions non prévues par l'art. 162.*

Nous arrivons, maintenant, à l'étude de certaines questions qui ont donné lieu à des controverses. Il s'agit de savoir s'il n'y a pas lieu de sortir des termes de l'article 162 et de permettre au défaillant, qui n'a pas comparu, de former son opposition autrement que ne le prévoit cet article.

La question, en réalité, se dédouble et l'on se demande, d'une part, si l'opposition, dans cette hypothèse, contiendra toujours deux actes distincts, et, d'autre part, si la requête prévue par la loi ne pourrait pas être remplacée par un exploit analogue ? Nous répondrons négativement sur la première question et affirmativement sur la seconde, en ajoutant que cette solution-ci est la conséquence de celle-là. Elles se présentent, l'une et l'autre, au sujet de l'exploit d'ajournement, et l'on recherche si cet acte pourra être employé pour former l'opposition et quelle sera sa valeur exacte en cette matière.

Sur le premier point, on reconnaît, sans difficulté, qu'il ne saurait produire moins d'effets qu'un acte extrajudiciaire et l'on décide, en conséquence, qu'il arrêtera l'exécution. Mais la question se complique lorsqu'on veut prétendre qu'il n'aura que cette valeur, alors même qu'il relaterait les moyens d'opposition, et nous admettons que, dans ce cas, il doit être considéré comme suffisant pour réaliser complètement l'opposition et qu'une requête, qui n'en serait nécessairement qu'une copie résumée, doit être considérée comme superflue et par conséquent inutile.

Malgré tout, l'opinion contraire fait valoir des arguments de divers ordres et invoque à la fois le texte et l'esprit de la loi.

D'abord le texte : L'article 162 prescrit formellement une requête de réitération, il est de principe qu'une formalité prescrite à peine de déchéance doit être rigoureusement accomplie, et cette exigence de la loi se comprend d'autant mieux qu'elle est le résultat d'une observation spéciale du Tribunat qui a réclamé l'insertion, dans la loi, de ce mot « requête ».

Elle se prévaut aussi de l'esprit de la loi, qui veut, qu'une fois l'avoué constitué, il remplace la partie et reçoive les significations à son lieu et place. Elle ajoute que l'opposition, en principe, ne peut être formée que par requête et que les autres modes, commandés par la nécessité, n'ont jamais qu'un effet provisoire que la requête subséquente peut seule rendre définitif (1).

Enfin, on fait valoir des considérations pratiques : la doctrine contraire va, dit-on, compliquer les choses, car il faudra joindre deux instances différentes, puisque à côté de la première que l'opposition a fait revivre, l'assignation en a ouvert une autre, tout cela contre la volonté formelle du législateur qui a été de diminuer les formalités et d'éviter les pertes de temps (2).

Malgré toutes ces raisons cette doctrine doit être repoussée. Sans doute, la requête est indispensable lorsque l'opposition a été formée par acte extrajudiciaire, car il faut

1. Agen, 14 août 1850, S. 51, II, 14 ; Pau, 21 août 1834, S. 35, II, 108 ; Bordeaux, 30 décembre 1829, D. A. v° cit., n° 295.

2. Boncenne, III, p. 124 et suiv. En ce sens : Rodière, I, p. 313 ; Thomine Desmazures, I, p. 307-308, n° 194.

alors éviter que l'opposant ne suspende perpétuellement
le jugement définitif du procès ; mais elle est complètement inutile là où ce danger n'est pas à craindre ; tel est le
cas, lorsque l'opposition étant formée par acte judiciaire
celui-ci a saisi le tribunal en même temps qu'il suspen-
dait l'exécution.

Voilà la pensée de la loi ; quant au texte, il ne peut
s'appliquer à une situation qu'il ne prévoit pas.

Restent donc seulement les considérations pratiques. Or
les inconvénients signalés n'existent pas en réalité (1),
ainsi que le constate M. Chauveau (sur Carré, Quest. 684) :

« Le demandeur, dit-il, n'a pas d'avoué à constituer,
« ce n'est pas une instance nouvelle ; seulement ce deman-
« deur fera passer la copie de l'exploit d'opposition à son
« avoué.

« L'instance ne se perpétuera pas, parce que l'avoué du
« demandeur donnera avenir à son confrère constitué par
« l'exploit d'opposition et comme un opposant doit tou-
« jours être prêt à plaider, l'instance sera promptement vi-
« dée », et plus loin « les observations du Tribunat ne pa-
« raissent en aucune manière toucher la difficulté (2). »

Nous ajouterons que; la nullité n'étant pas prononcée
par la loi, on ne peut la créer et que l'assignation est « un
« acte complet qui se suffit à lui-même et qui lie l'ins-
« tance » (3). Loin de compliquer l'affaire, notre doctrine
la simplifie, elle économise du temps et des frais alors

1. Chauveau Carré, question 684.
2. Elles avaient simplement pour but de faire prévaloir une règle
plus favorable au défaillant.
3. Paris, 4 mars 1830, D. 30, II, 108.

que celle de nos adversaires multiplie au contraire les
actes de procédure. Nous déciderons donc que l'ajournement est un acte suffisant pour constituer une opposition
complète à un jugement par défaut faute de comparaître,
mais il faut, pour cela, qu'il contienne toutes les énonciations nécessaires ; une requête postérieure serait donc indispensable si on avait négligé d'y indiquer les moyens (1).

Cette solution entraîne naturellement, comme conséquence, que l'ajournement qui interviendrait à la suite
d'une opposition extrajudiciaire remplacerait la requête
et la rendrait inutile. Mais, dans tous les cas, cet ajournement doit être signifié à personne ou domicile. On ne saurait faire cette signification au domicile élu chez l'avoué,
car cela n'est permis que s'il y a eu convention des parties ou volonté clairement exprimée par le législateur, ce
qui n'existe pas dans l'espèce (2).

Il faut, maintenant, examiner rapidement les divers autres cas où l'opposition peut se produire en dehors des termes de l'article 162. C'est ainsi qu'on admet que l'acte extrajudiciaire ou la déclaration sur l'exécution peut être
remplacé par des conclusions prises à la barre du tribunal,
car elles offrent plus de garanties que les actes dont la loi
se contente. Mais en principe elles devront être réitérées,
à moins cependant que cette réitération ait été rendue im-

1. M. Garsonnet, V, § 1046. Voy. sur cette doctrine : Paris, 30 décembre 1887, D. 88, II, 179 ; Cass. Req., 6 janvier 1879, S. 79, 1,
113 ; Cass. Req., 11 juin 1879, D. 80, I, 21, MM. Garsonnet, *op. et
loc. cit.*, Boitard, n° 335 ; Favard, Chauveau, Carré, Dutruc.

2. Chauveau Carré, question 684 *bis* ; *Contrà*, Paris, 4 mars 1830,
S. 30, II, 124.

possible par le tribunal lui-même qui aurait mis l'affaire en délibéré (1).

Par contre, on pourrait supprimer cette opposition extra-judiciaire et signifier directement la requête contenant les moyens. Cela paraît naturel si l'on admet que l'article 162 peut être complété, car cette solution est certainement conforme à l'esprit de la loi qui veut, en principe que, l'opposition soit formée par une requête ou un acte équivalent. On peut remarquer, en effet, que tous les autres modes accordés au défaillant visent uniquement à lui permettre de constituer avoué et de faire valoir ses moyens de défense (2). On ne saurait donc raisonnablement accorder à cette déclaration d'opposition un effet capital, celui de ressaisir le tribunal, à tel point qu'un avoué ne pourrait être constitué sur la question, tant que cet acte de volonté ne serait pas intervenu (3).

1. Req., 30 mai 1837, D. A. *v⁰ cit.*, n⁰ 296.
2. Chaveau Carré, III, question 680 *bis*.
8. En ce sens : Orléans, 14 mars 1809, *J. du P.*, 1809, p. 448.

CHAPITRE V

ÉVÉNEMENTS QUI EMPÊCHENT L'EXERCICE DE L'OPPOSITION.

Nous savons déjà que l'opposition n'est pas toujours possible. Cela résulte, en effet, des observations présentées dans les chapitres précédents. Mais il est nécessaire de réunir, ici, les divers cas où le défaillant se verra privé de son recours, d'autant plus que les indications précédentes ont besoin d'être complétées. En réalité, les événements qui empêchent l'exercice de l'opposition peuvent se ranger sous deux chefs : ou bien le jugement rendu n'est pas susceptible d'opposition pour une des raisons énumérées dans le chapitre premier, et sur ce point un simple renvoi doit suffire : ou bien, c'est un jugement par défaut qui réunit toutes les conditions nécessaires pour être déclaré susceptible d'opposition, mais qu'une cause extérieure vient accidentellement priver de ce caractère ; par exemple, le jugement a acquis force de chose jugée, il s'est trouvé remplacé par une convention, ou encore, il a perdu toute utilité pratique. Dans tous ces cas l'opposition sera refusée comme inutile. Il faut donc en faire une courte étude.

I. — Circonstances diverses pouvant enlever à la partie le
droit d'opposition contre un jugement qui est par lui-même
susceptible de cette voie de recours.

A. — *Opposition irrégulière.*

La première de ces circonstances est une conséquence
des règles posées ci-dessus en ce qui concerne les formes
et les délais de l'opposition. C'est la déchéance qui résulte
en ces matières de l'inobservation de la loi. Nous recher-
cherons, dans le titre suivant, ce que sont les effets exacts
d'une opposition qui n'a pas été formée régulièrement. Mais
il faut examiner, ici, en quoi cette opposition irrégulière
peut enlever à la partie le droit même qui lui était reconnu
par la loi. Nous supposerons, pour cela, que le défaillant a
signifié une opposition irrégulière et, qu'ayant laissé les
délais s'écouler, il n'est plus à même de la remplacer par
un acte valable (1). Cela s'appliquera sans difficulté au cas
d'un défaut faute de conclure. La requête d'avoué à avoué
était irrégulière, elle ne contenait pas les moyens, par
exemple. Il est certain que, dans ce cas, le défaillant a la
faculté de renouveler son opposition s'il est encore dans la
huitaine, sinon, il sera considéré comme n'ayant pas formé
d'opposition dans le délai, et sera, dès lors, privé de son
recours. Mais la question se complique, dans certains cas,
du point de savoir si le délai est réellement expiré, ou si
l'effet de l'irrégularité est tellement absolu qu'il ne puisse
pas être détruit dans la suite. De là, deux questions dis·
tinctes :

1. La même solution s'applique évidemment lorsque le défaillant
n'a pas formé d'opposition.

Première question.— La partie, qui a fait défaut faute de comparaître, peut-elle valablement réitérer son opposition après la huitaine qui lui est accordée à cet effet, et peut-elle renouveler, sur l'exécution, l'opposition qu'elle avait formée et qu'elle n'avait pas réitérée ?

Ces deux situations sont réglées par les mêmes principes, aussi les avons-nous réunies dans une seule question. La solution qu'il faut adopter à leur sujet est liée intimement à une controverse précédemment étudiée sur l'interprétation de l'article 159, et au sujet de laquelle nous avons décidé que l'opposition serait recevable jusqu'à la connaissance, par la partie, de l'exécution du jugement qui la condamne.

Dans ces circonstances, supposons donc que le condamné contre lequel aucune exécution n'a été jusqu'alors poursuivie, forme son opposition par acte extrajudiciaire et qu'il néglige de la réitérer dans la huitaine suivante. C'est alors que se pose la double question que nous avons signalée ci-dessus. D'une part, cette réitération pourra-t-elle avoir lieu, tant que le demandeur n'aura pas clos le délai en poursuivant l'exécution, et, d'autre part, cette exécution ne pourrait-elle pas être le prétexte d'une nouvelle opposition valable ?

Nous admettrons l'affirmative dans les deux hypothèses, tout en reconnaissant qu'elle n'est pas absolument logique et que les termes de l'article 162 sembleraient plutôt lui être contraires. En effet, cet article ne consacre aucune distinction : quel que soit l'acte qui ait prévenu ou arrêté l'exécution, il est toujours nécessaire que l'opposition soit réitérée par requête dans la huitaine ; en outre, dans tous les cas, le danger de surprise est évité (1).

Malheureusement, cette interprétation ne peut résister à l'argument tiré de la combinaison des articles 158, 159 et 162. L'opposition est recevable jusqu'à l'exécution consommée du jugement ou jusqu'à la tentative d'exécution connue ou réputée connue du défaillant. Or il est certain que l'acte extrajudiciaire, par lui signifié avant toute poursuite, emportera bien la preuve qu'il a eu connaissance de l'existence du jugement, mais non d'une exécution qui n'a même pas été tentée. Il peut donc se borner à cette seule signification, qui arrêtera l'exécution au moins pendant huit jours, et attendre ensuite qu'une tentative d'exécution vienne le forcer à s'opposer sérieusement au jugement. Par voie de conséquence, il doit lui être permis de régulariser sa première opposition tant que son adversaire n'a pas manifesté, par une poursuite, son intention de la tenir pour nulle (2).

D'ailleurs, il serait bizarre que le défaillant se fût privé, par une opposition irrégulière, d'une faculté que son silence lui aurait conservée jusqu'au moment de l'exécution (3) ; et les expressions mêmes de l'article 162 qui dit que l'exécution sera continuée après le délai, impliquent que ce délai de déchéance ne peut courir que du jour où il y aura eu un acte d'exécution (4).

1. Cass., 10 juillet 1843, D. A. *Jugement par défaut*, n⁰ 256 ; Trèves, 19 avril 1809 ; Toulouse, 19 juin 1819, D. A. *v⁰ cit.*, n⁰ 258.

2. Metz, 12 février 1818, D. A. *v⁰ cit.*, n⁰ 257.

3. Bourges, 1er février 1832 ; S. 32, II, 478, Chauveau Carré, question 688,

4. Thomine Desmazures, I, p. 308, n⁰ 194 ;

Deuxième question. — L'irrégularité de l'opposition ne pourrait-elle pas être couverte par un acte émané de l'adversaire ?

En ce qui concerne les nullités de forme, la réponse ne parait pas devoir faire de doute. Le demandeur peut les tenir pour non avenues et même dispenser le défaillant de toute réitération en l'assignant en débouté d'opposition avant l'expiration du délai de huitaine (1). De même, si la déclaration d'opposition émane d'une personne sans qualité, si le jugement ayant été rendu faute de conclure, l'opposition n'a pas été formée par requête d'avoué à avoué. Dans tous ces cas et autres semblables, on est sévère pour le demandeur. Il doit invoquer la nullité dès le début de l'instance *in limine litis* et se rendrait irrecevable à s'en prévaloir, s'il prenait des conclusions sur le fond, si, par exemple, il invoquait pour faire débouter l'opposant de son recours, les mêmes raisons qu'il avait présentées dans l'exploit introductif d'instance (2).

Mais la question est controversée si le vice de l'opposition tient à ce qu'elle a été formée en dehors des délais. Pendant toute la première moitié du siècle, on a jugé que la nullité devait toujours être considérée comme relative et que la partie pouvait y renoncer, soit tacitement en ne la faisant pas valoir au début de l'instance ou devant les premiers juges (3), soit expressément en vertu, par exemple,

1. Amiens, 20 mars 1869. D. 69, II, 93.

2. Chauveau Carré, tome II, p. 124, art. 161, citant Rennes, 28 avril 1814.

3. Bioche, IV, *Jugement par défaut*, n° 303 ; Rejet, 14 messidor an XIII, D, A. *v° cit.*, n° 334 ; Rejet, 11 mai 1830, D. A. *Exception*, n° 552-3°.

d'une déclaration formelle de son avoué (1). Mais des arrêts sont intervenus depuis qui ont posé un principe différent (2).

Dans le premier cas, a-t-on dit, il n'y a qu'un intérêt privé en jeu ; mais il n'en est pas de même si la nullité provient de l'inobservation des règles de la loi en matière de délai : l'ordre public est intéressé, car il importe de mettre fin aux procès, en consacrant, après un certain temps, l'autorité de la chose jugée. Il y a ici une véritable déchéance et la nullité devrait être appliquée d'office si le demandeur ne s'en prévalait pas, aussi, pourrait-il l'invoquer en tout état de cause (3), car il y a là un jugement définitif et la partie ne peut pas, sans troubler l'ordre public, le dépouiller de sa qualité légale (4).

Cependant nous ne pouvons admettre que l'ordre public soit intéressé dans la question, et nous déciderons que le véritable intéressé étant le demandeur, il doit lui être permis de considérer la décision rendue à sa juste valeur et de renoncer à la nullité, comme on lui permet de ne pas se prévaloir de la prescription acquise.

B. — Acquiescement du défaillant.

Par son acquiescement, le défaillant montre qu'il a l'intention de tenir pour bon le jugement rendu. Nous en avons

---

1. Bioche, v⁰ cit., n⁰ 305 ; Requête, 26 mars 1834, D. A. Désaveu, n⁰ 152.

2. En matière d'appel, mais les raisons sont les mêmes en ce qui concerne l'opposition.

3. Req., 3 février 1864, D. 64, I. 118.

4. Sur ce point : Cass., 7 août 1849, D. 50, I, 83 ; 2 avril 1850, D 50, I, 81 ; 13 février 1865, D. 65, I, 78.

déjà rencontré des exemples en étudiant l'article 159 et les tribunaux auront à apprécier, suivant les espèces, s'il y a eu ou non acquiescement réel et valable. Nous n'avons pas à entrer ici dans les détails de la matière, il nous suffira de constater que l'acquiescement sera, suivant les cas, exprès ou tacite ; que ce sera toujours un acquiescement au jugement, car l'acquiescement à la demande ne saurait se comprendre dans l'espèce ; que d'ailleurs il sera permis, dans tous les cas où l'ordre public n'est pas intéressé (1), pourvu toutefois que la partie ait la capacité et le pouvoir nécessaire. Nous ajouterons que s'il a lieu par acte exprès il pourra contenir des réserves ou se trouver soumis à des conditions ; si, au contraire, il est tacite, les réserves ne se comprendraient pas, mais une condition également tacite serait susceptible d'en restreindre l'effet.

Son application aux jugements par défaut pourra donner lieu à des questions très diverses basées, d'ailleurs presque uniquement, sur des considérations d'espèces. Aussi nous bornerons-nous à citer quelques exemples : c'est ainsi que l'appel interjeté contre un jugement par défaut, impliquant l'intention de le tenir pour contradictoire, emporte renonciation à l'opposition (2). De même le jugement, rendu con-

1. Une opinion admet cependant l'acquiescement dans les matières d'ordre public lorsque cet acquiescement ne modifiera pas l'état de choses existant avant le jugement par défaut. Par exemple : il serait permis d'acquiescer au jugement par défaut qui a repoussé une demande en divorce alors qu'on ne le permettrait pas si le jugement l'avait admise. Sans doute, l'acquiescement implicite résultant de l'expiration des délais produira dans tous les cas extinction du droit de recours, mais cela ne prouve rien, car l'acquiescement implicite est considéré comme le moins dangereux.

2. Rennes, 1er février 1893, D. 94, II, 581.

tradictoirement avec une partie, qui colloque au premier rang un créancier invoquant pour titre un jugement par défaut précédemment obtenu contre elle, emporte acquiescement à ce jugement (1). Même solution si le défaillant a payé les frais de la première instance (2), ou s'il a demandé un délai pour s'acquitter, mais il faut, en tous cas, que l'acte invoqué soit volontaire et personnel à la partie (3), En ce qui concerne l'acquiescement exprès, nous ferons remarquer qu'il n'est soumis à aucune forme spéciale.

Mais les effets de l'acquiescement devront nous arrêter un instant. On se demande à quelle époque il doit intervenir pour produire son effet extinctif et à l'égard de qui on pourra l'invoquer.

Sur le premier point, on suppose que le jugement par défaut n'ayant pas été exécuté dans les six mois, un acquiescement du condamné est intervenu dans la suite. Cet acquiescement est-il valable, tant à l'égard du défaillant qu'à celui des tiers intéressés ? La négative est aujourd'hui admise parce que la péremption de l'article 156 est considérée comme absolue et qu'il doit naturellement en résulter cette conséquence que les parties ne peuvent pas rendre l'autorité de la chose jugée à une décision qui en a été privée par une disposition légale (4). Cependant, on avait jugé antérieurement qu'il n'y avait là qu'une question d'ordre

1. Chambéry, 14 février 1894, D. 96, II, 43.
2. Observation présentée au sujet de l'article 159.
3. Caen, 24 avril 1811, D. A. *Jugement par défaut*, n° 381 ; Nancy, 24 avril 1830, D. A. *v° cit.*, n° 404-3° ; Cass. Rej.. 26 juillet 1893, D. 94, I, 61.
4. En ce sens : Besançon, 7 mars 1890, D. 91, II, 168 ; Req., 9 août 1880, D. 81, I, 214 ; Bourges, 31 janvier 1873, D. 74, II, 67.

purement privé et que le défaillant pouvait renoncer à se
prévaloir de la péremption (1).

Quoi qu'il en soit, la solution admise aujourd'hui doit
être étendue à plus forte raison aux cas où l'acquiescement
serait invoqué contre des tiers intéressés. Il ne leur sera
opposable que s'il est constaté par un acte ayant date certaine antérieure à l'expiration des six mois, sans qu'il y
ait à distinguer si le droit du créancier a pris naissance
avant ou après le jour où l'acte d'acquiescement a reçu
date certaine (2).

La seconde question se pose, d'une façon générale, sans
qu'il y ait à se préoccuper de la date de l'acquiescement.
On se demande s'il est opposable à certaines personnes qui
n'y ont pas été parties, et s'il peut, de ce chef, leur fermer
néanmoins la voie d'opposition.

En d'autres termes, le garant et le codébiteur solidaire
seront-ils liés par l'acquiescement du garanti ou de leur
codébiteur au jugement par défaut qui les a condamnés
ensemble ?

Nous déciderons qu'ils doivent dans ce cas être considérés comme des tiers et que la voie de l'opposition leur reste
ouverte, car, en matière de garantie, le garanti ne saurait
être considéré comme représentant le garant. Celui-ci ayant
un intérêt réel et distinct de celui du défendeur principal,
à s'opposer au jugement par défaut (3) ; mais il faut que

1. Toulouse, 28 janvier 1831, D. A. *Acq.*, n° 214.

2. Cass., 18 juin 1845, D.45, I, 117 ; Nancy, 19 février 1890, D. 91,
II, 283 ; Req., 9 août 1880, D. 81, I, 214 ; *Contrà*, Lyon, 4 décembre 1822 ; Req., 4 février 1823, D. A. *Acq.*, n° 863-864.

3. Rej., 31 août 1878, D. A. *Acq.*, n° 860 ; Civ. Cass., 11 août 1874,
D. 76, I, 308.

cet intérêt existe. L'acquiescement serait donc opposable au garant s'il avait reconnu l'existence de l'obligation principale, de telle sorte qu'un recours lui aurait été inutile (1).

En matière de solidarité, la question se complique de ce qu'il est admis, malgré controverse, que l'acquiescement de l'un des codébiteurs au jugement rendu par défaut contre tous, a pour effet d'empêcher la péremption d'une façon générale (2). Mais il ne s'ensuit pas que cet acquiescement puisse leur fermer à tous la voie d'opposition. L'acte d'un seul d'entre eux peut bien conserver le droit du créancier, mais il ne peut pas l'améliorer.

C. — *Désistement exprès*

Dans son sens le plus ordinaire, le désistement est l'acte par lequel une partie renonce à l'instance qu'elle a engagée ; mais il ne produit effet que s'il a été accepté par le défendeur. En principe, ce désistement ne détruit que l'instance et permet de la renouveler, cependant il arrivera quelquefois que le droit lui-même se trouvera éteint, c'est ce qui se produira lorsque ce droit étant sur le point d'être prescrit, le désistement de l'instance aura rendu au délai tout son pouvoir extinctif.

Mais à côté de ce désistement d'instance il existe deux autres sortes de désistement. Le désistement de l'action qui éteint directement le droit lui même et le désistement d'un acte isolé de procédure. C'est ce qui se produira en

1. Civ. rej., 30 juin 1852, D. 52, I, 79.
2. Poitiers, 7 janvier 1830, D. A. *Acq.*, n° 846. Même solution pour l'exécution poursuivie contre un seul d'entre eux. Paris, 18 avril 1889, D. 91, I, 23.

matière d'opposition. Dans ce cas le droit d'opposition lui-même subsiste en principe, mais il se trouvera généralement détruit par cette circonstance que l'opposant ne se trouvera plus dans les délais pour former à nouveau une opposition valable. C'est ainsi que, dans l'espèce, ce désistement aura une importance qu'il ne présente pas d'ordinaire (1). Néanmoins on lui appliquera les règles de faveur qui sont alors admises, il peut émaner de l'une ou l'autre des parties en cause, on n'exige pas du mandataire qui le forme un pouvoir spécial, l'acte de désistement n'aura pas besoin d'être signé, et l'acceptation de la partie adverse n'est pas nécessaire. Sur ce point, il n'y a pas de difficulté et le droit d'opposition pourra se trouver supprimé. La question est au contraire beaucoup plus douteuse dans l'hypothèse où l'on voudrait voir, dans ce cas, un désistement d'instance. Remarquons cependant que cela n'a pas d'intérêt pratique puisque il suffira, pour faire cesser la controverse, de déclarer que le désistement ne portait que sur l'acte même d'opposition, ce qui n'a aucun inconvénient, l'effet étant le même dans les deux cas.

Cependant il peut être intéressant de signaler la difficulté qui se présente dans une telle situation. Nous aurons occasion d'y insister plus loin à propos du désistement tacite naissant de la péremption.

On peut prétendre que le désistement d'instance est impossible de la part de l'opposant (2), parce que conservant

1. Comme ce désistement peut se produire même dans les matières qui intéressent l'ordre public, il en résulte que l'interdit peut se désister de l'opposition qu'il a formée au jugement d'interdiction. Req. 12 janvier 1875, D. 76, I, 217.

2. Nous supposons toujours qu'il était défendeur lors du jugement par défaut.

sur l'opposition le même rôle qu'il avait dans la première instance, il reste défendeur et ne peut dès lors user d'une faculté qui n'est reconnue en principe qu'au demandeur. Cependant ce système ne nous paraît pas devoir être admis en face de cette considération de fait, que l'opposant, quoi qu'on dise, n'en a pas moins jusqu'au jugement un certain rôle actif. L'instance d'opposition, sans être différente de l'instance principale, a cependant une certaine individualité, et il paraîtrait logique d'admettre que jusqu'au moment du jugement l'opposant pourrait se désister de l'instance d'opposition.

D. — *Désistement tacite naissant de la péremption* (1).

La péremption demandée et obtenue peut-elle faire tomber l'instance d'opposition et détruire ainsi indirectement le droit du défaillant. Nous venons de voir que cet effet peut se produire à la suite du désistement exprès portant sur l'acte d'opposition, mais nous avons vu en même temps que la question est beaucoup plus douteuse en ce qui concerne l'instance. Il en est de même dans l'hypothèse qui nous occupe, et l'on peut dire que l'opinion générale, tant de la jurisprudence que des auteurs, refuse de reconnaître à la péremption ce pouvoir extinctif. La controverse se présente d'ailleurs avec une plus large portée, et l'on se demande non pas si la péremption est alors possible mais si son effet peut être restreint par celui qui l'invoque. En d'autres termes « la péremption peut-elle atteindre séparément l'ins« tance d'opposition » ? La négative a été consacrée et on

1. C'est-à-dire, de la discontinuation des poursuites pendant un certain délai (3 ans ou 3 ans 1/2).

peut la considérer comme une conséquence de la théorie
admise par la jurisprudence en ce qui concerne les effets de
l'opposition. Elle décide que l'opposition, dès qu'elle est
formée, a pour effet d'anéantir le jugement par défaut, de
rouvrir en même temps la première instance et de remettre
les parties dans la même situation que si aucun jugement
n'avait été rendu. L'opposant reste donc défendeur et, comme
tel, a le droit, une fois l'opposition formée, de conserver une
attitude passive. C'est au demandeur à continuer l'instance,
et, s'il ne le fait pas, c'est contre lui que la péremption sera
obtenue. Cette péremption détruira toute l'instance parce
que le jugement rendu, qui seul, aurait pu lui faire obstacle, aura été préalablement détruit par l'opposition formée (1).

Nous contesterons plus loin la valeur de cette théorie,
aussi pouvons nous, dès maintenant, repousser le système
qui n'en est qu'une conséquence, et déclarer que la péremption ne portera que sur l'instance même, ouverte par l'opposition (2). Il est en effet bizarre de vouloir considérer
l'opposant comme un défendeur alors qu'il rouvre lui-
même une instance déjà terminée par un jugement de
condamnation ; il est demandeur puisqu'il prétend détruire
l'autorité de la chose jugée, et d'ailleurs les conséquences
mêmes de la solution contraire sont tellement singulières
qu'elles suffiraient pour la faire repousser. Il est de prin-

1. Civ. cass., 5 mai 1857, D. 57, I, 247 ; Req., 21 février 1859, D.
59, I, 405.

2. Sur ce point, d'une façon générale : Chauveau-Carré, question
661 (tome II), 1422 (tome III) et 1423 ; Bourbeau, V, p. 602 et suiv.;
Merlin, *Répertoire*, au mot *Péremption*, section 1 § 6.

cipe que la péremption ne peut être réclamée que par le défendeur, car celle qu'obtiendrait le demandeur serait en réalité un désistement qu'il imposerait à son adversaire, contrairement aux règles admises en cette matière.

Partant de là, on se verrait forcé de ne reconnaître le droit de se prévaloir de la péremption, qu'a l'opposant qui demandera ainsi la péremption de sa propre instance, puisque l'instance primitive est anéantie (1). Sur ce point, on peut répondre que le jugement seul est anéanti et que les deux instances se sont confondues. Aussi la véritable objection viendrait-elle de ce que les principes conduiraient à refuser cette péremption au demandeur.

Or, on ne consent pas à aller jusque là. Nous ajouterons à cela deux arguments qui ont leur importance, bien qu'on ait présenté contre eux des objections assez sérieuses. On a dit qu'en matière d'appel, la péremption était demandée contre l'appelant alors même qu'il avait été défendeur en première instance. Cela n'est pas concluant, car l'appel change les rôles des parties tandis que cet effet n'est pas reconnu à l'opposition. Mais on fait valoir, en second lieu, l'incohérence d'une théorie qui refuse au désistement tacite ce qu'elle accorde au désistement exprès. Sans doute, il est possible de répondre que « le désistement exprès « peut être partiel, parce que la volonté exprimée peut « s'allier avec des restrictions, tandis que la volonté pré- « sumée par la loi n'en comporte pas » (2). Mais ce n'en est pas moins le renversement complet des principes généraux qui préfèrent toujours le désistement tacite, comme

1. Chauveau-Carré, III, question 1422,
2. Bourbeau, V, p. 604.

impliquant la preuve d'une volonté plus réfléchie. En outre, l'opposition a pu être irrégulièrement formée ; dans ce
cas, le jugement par défaut n'a pas été anéanti, l'instance
d'opposition restera distincte et l'opposant ne pourra pas
en demander la péremption dans le but de faire tomber
l'instance principale. Il faudrait donc faire juger la régularité de l'opposition, et ce n'est qu'après ce jugement
qu'il y aurait possibilité de statuer sur la péremption.
« Sans doute, dit un auteur, si l'opposant, au lieu de de-
« mander la péremption, se désistait de son opposition, le
« jugement par défaut reprendrait son empire, mais c'est
« qu'alors, l'opposition n'ayant pas été reçue en justice,
« *sa régularité n'ayant pas été jugée,* on ne pourrait pas
« dire qu'elle eût éteint le jugement, ses effets ne peuvent
« être appréciés qu'après qu'elle a été judiciairement re-
« connue valable » (1).

Il nous semble bien que c'est là affirmer que l'opposition ne saurait, par elle-même, anéantir le jugement par
défaut, qu'il faut pour cela qu'elle soit jugée régulière et
cette doctrine aurait le mérite d'éviter les complications
dans lesquelles on va tomber avec l'opinion adverse. En
effet, on est alors conduit à distinguer et à sous-distin-
guer selon que l'opposition est ou n'est pas régulière, et
selon que le demandeur aurait ou non entamé l'instance
pour faire juger l'irrégularité (2).

Toutes ces complications sont la condamnation de la doctrine qui les entraîne. Aussi, déciderons-nous que ce n'est
pas au demandeur à faire juger l'opposition et que ce sera

1. Chauveau-Carré, Quest. 1423.
2. Bourbeau, V, p. 605 et suiv.

contre l'opposant qu'on réclamera la péremption. Cette péremption ne supprimera pas le droit d'opposition, mais, comme cela a été souvent signalé, elle en rendra généralement l'exercice impossible.

E. — *Evènements divers qui rendent l'action elle-même impossible ou inutile et suppriment, par voie de conséquence, le droit d'opposition.*

a) Prescription.

Nous supposons que la prescription a été invoquée par celui qui y a droit, sans quoi son effet ne pourrait se produire. Sous cette condition, deux situations peuvent se présenter.

Ou bien le jugement par défaut n'avait pas été signifié, il est alors considéré comme non avenu, en outre l'action est éteinte, le défendeur est à l'abri et n'a pas besoin de l'opposition, mais il reste libre de la former en refusant par là de se prévaloir de la prescription.

Ou bien, le jugement ayant été signifié et l'opposition formée, les poursuites ont été discontinuées pendant trente ans. La même controverse, qu'en matière de péremption, pourra alors s'élever, mais l'opposition sera, dans tous les cas, impossible ou inutile.

Impossible, si l'on considère le défaillant comme ayant perdu son droit; inutile, si l'on admet au contraire que la déchéance frappe le demandeur, puisqu'il n'a plus aucun moyen de faire valoir son droit contre le défendeur.

b) Transaction ou compromis.

Dans ces deux cas, l'opposition sera impossible, les parties ayant mis fin au litige par la convention qu'elles ont conclue.

La transaction, qui est « le contrat par lequel les parties « terminent une contestation née ou préviennent une con- « testation à naître » (1) au moyen de sacrifices récipro- ques, est évidemment possible après un jugement par dé- faut, puisqu'elle le serait même après un jugement défini- tif, à la condition que les parties en aient eu connaissance au moment de la transaction (2).

Or, comme la transaction a entre les parties l'autorité de la chose jugée en dernier ressort (art. 2052, al. 1 C. civ.), on comprend que tout recours devient impossible sur le point litigieux désormais tranché. Mais il faut, pour cela, que la transaction soit valable, c'est-à-dire qu'elle ait été faite par des personnes ayant capacité et pouvoir de tran- siger et qu'elle porte sur une matière susceptible de tran- saction (3).

Même solution pour le compromis : lorsque les parties ont convenu de remettre à des arbitres la solution du li_ tige qui les divise, elles ne peuvent plus en saisir le tribu- nal par une opposition au jugement par défaut antérieu- rement rendu sur le point ligitieux. Mais, comme pour la transaction, il faut pour cela que l'acte de compromis soit valable.

c) Exercice du retrait litigieux ou annulation d'une ces- sion illégale de droits litigieux.

Dans le premier cas, le plaideur ayant exercé le retrait ne se trouve plus avoir d'autre adversaire que lui-même, ce qui éteint l'action et par conséquent rend toute voie de re-

1. Art. 2044 C. civ.
2. Art. 2056 C. civ. M. Baudry-Lacantinerie, tome III, n° 1006.
3. M. Baudry-Lacantinerie, n° 990.

cours impossible. Dans le second, l'effet extinctif n'est que relatif par suite de l'annulation, tout est remis au même état que si la cession n'avait pas eu lieu, c'est donc seulement à l'encontre d'un jugement par défaut que le cessionnaire aurait obtenu contre le cédé, que l'opposition deviendrait impossible.

d) Décès des parties ou de l'une d'entre elles, dans des matières absolument personnelles.

Une controverse s'est élevée sur le point de savoir si ces actions, lorsqu'elles sont intentées, s'éteignent néanmoins par le décès de la partie. On objecte que toutes les actions, dès qu'elles ont été mises en œuvre, font partie du patrimoine et doivent passer aux héritiers, et que les articles 330 et 957 C. civ., relatifs aux actions en réclamation d'état et en révocation de donation pour cause d'ingratitude, ne sont que des applications de la règle générale, que le législateur n'a mentionnées que pour y appliquer certaines restrictions On répond que les héritiers usent ici d'actions qui leur appartiennent personnellement et qui ne constituent pas des applications d'une prétendue règle générale en vertu de laquelle toutes les actions purement personnelles (1) une fois intentées passeraient aux héritiers (2). Nous admettons cette dernière solution, en faisant toutefois remarquer que le droit de poursuivre et, par conséquent, de former opposition au jugement par défaut précédemment rendu, devrait être reconnu aux héritiers, s'ils ont un intérêt pécu-

---

1. Citons comme exemples les procès en matière de divorce, en séparation de corps, de recherche de la maternité, de désaveu, de révocation de donation pour cause d'ingratitude, etc.

2. Sur ce point, M. Garsonnet, tome II, § 254.

niaire engagé dans le débat. Or cela se présentera le plus
souvent, ne serait-ce qu'en ce qui concerne la condamnation aux dépens.

II. — A l'encontre de qui ces divers évènements produiront-ils leur effet ?

C'est la dernière question qui nous reste à étudier sur ce
point. Elle se présente, généralement, en cequi concerne la
déchéance que produit l'exécution légalement poursuivie
et amenée au point prescrit. C'est aussi en ce sens que nous
l'étudierons, mais son extension aux autres cas prévus ne
saurait faire aucune difficulté. Il est certain que le défaillant, s'il est seul, perdra, par sa négligence réelle ou présumée le droit d'opposition qui leur est reconnu en principe.
Mais la question peut se présenter dans le cas où le demandeur a en face de lui plusieurs cointéressés solidaires.
L'exécution poursuivie contre un seul d'entre eux leur fer-
mera-t-elle à tous la voie de l'opposition. La négative
est certaine, bien qu'on y objecte la solution admise aujourd'hui en ce qui concerne la péremption de six mois de
l'article 156. Car il y a une importante raison de distinguer
entre les deux hypothèses. En matière de péremption, les
raisons qu'on peut invoquer sont toutes en faveur du demandeur et la solution admise est commandée par les principes eux-mêmes. Cette disposition, en effet, consacre, de
l'aveu presque unanime des auteurs, une nouvelle espèce
de prescription et doit, par conséquent, obéir aux règles
de la loi sur ce point. Or ces règles sont formelles, les articles 1206 et 2249 C. civ. décident que la prescription, inter-

rompue à l'égard de l'un des codébiteurs solidaires, l'est en même temps à l'égard de tous. D'ailleurs, il serait trop rigoureux d'exiger du demandeur une longue série d'actes interruptifs, alors qu'il ne s'agit que de la conservation de son droit et que, sur ce point, on admet assez facilement que les codébiteurs solidaires se représentent réciproquement (1).

Mais, ce mandat réciproque ne peut être invoqué pour prétendre que l'exécution poursuivie contre l'un d'eux a pu consacrer contre les autres la déchéance du droit d'opposition. Le créancier ne peut détruire que les droits des débiteurs qu'il attaque. La loi a voulu que le défaillant qui n'a pas comparu puisse former son opposition jusqu'au moment où il aura eu, on sera réputé légalement avoir eu connaissance du jugement qui le condamne. Or il est impossible d'admettre que l'exécution dirigée contre l'un seulement des codébiteurs solidaires soit un acte suffisamment public, pour qu'il ait dû être infailliblement connu des autres codébiteurs. Le créancier devra, pour parvenir à leur enlever à tous le droit d'opposition, procéder à l'exécution contre chacun d'eux et pousser cette exécution jusqu'aux points prescrits par la loi (2).

1. Il n'en est pas de même lorsque le créancier veut améliorer sa situation.

2. Boitard, *op. cit.*, no 331, p. 386 ; M. Garsonnet, § 1029, p. 432; Rejet, 3 décembre 1861, D. 62, I, 41 et la note.

TITRE III

EFFETS DE L'OPPOSITION

Il n'y a dans la loi qu'une seule disposition donnant directement une solution à la question : c'est l'article 159. Mais il faut reconnaître que cette solution est implicitement confirmée par les articles 155 et 161 et doit être complétée par les principes généraux qui dérivent de la nature même de cette voie de recours. Nous pouvons tirer, de ces divers éléments, trois règles dont il va falloir aborder l'étude.

1° L'opposition, voie de rétractation, fait revenir les parties devant le juge qui a rendu la décision par défaut.

2° Ce juge sera ressaisi du litige qu'il avait déjà tranché (1).

3° L'exécution de la décision par lui prise sera en principe suspendue jusqu'au nouveau jugement.

Ces trois règles donnent lieu à plusieurs observations importantes. Il s'agit en effet de savoir :

1. Mais on ne sera pas pour cela obligé de suivre les mêmes formes que celles adoptées dans la première instance. L'affaire viendra généralement à la requête du défaillant, mais rien n'empêche le demandeur de la faire appeler lui-même. M. Garsonnet, § 1057..

1. Si l'affaire sera réellement soumise aux même juges qui en ont déjà connu.

2. Dans quelle mesure l'opposition produit réellement un effet suspensif de l'exécution.

3. Quel est son effet à l'encontre du jugement attaqué, et accessoirement, quel est, en cas de confirmation du premier jugement, celle des deux décisions rendues qui aura force exécutoire et qui, comme telle, devra être attaquée par voie d'appel.

4. Quels sont les autres effets que pourrait produire l'opposition.

5. A l'égard de qui ces effets seront-ils produits.

Nous diviserons donc cette étude en cinq sections.

Section première.

L'affaire sera-t-elle réellement soumise aux juges qui en ont déjà connu ?

La négative n'est pas contestée. Il ne faudrait pas, en effet, prendre ici les mots dans leur sens strict et déclarer que les magistrats qui ont siégé dans la première instance seraient seuls compétents pour connaître de l'opposition. Cela conduirait souvent à des impossibilités. Aussi doit-on interpréter la règle en ce sens que le juge compétent, c'est ici le tribunal ou la cour qui a rendu le premier jugement ou arrêt, sans qu'on ait à tenir compte de ce que sa composition aurait changé. Le tribunal pourra donc, par suite

de décès, démission, nomination nouvelle, roulement annuel, être composé de magistrats autres que ceux qui ont
jugé la première fois, un des juges qui siégeait alors peut,
sur l'opposition, occuper le siège du ministère public (1) ;
l'affaire pourra même être soumise à une autre chambre
du même tribunal et c'est ce qui arrivait très souvent,
autrefois, sous l'empire du décret du 30 mars 1808 (2).
Tous les défauts étaient alors pris à la première chambre,
tandis que les oppositions étaient indifféremment jugées par
toutes les chambres. Mais, depuis le décret du 10 novembre
1872 (3), les défauts sont donnés à chaque chambre, de
telle sorte qu'il sera maintenant plus fréquent de voir
l'opposition jugée par la chambre même qui a prononcé le
défaut. Cependant, si les diverses chambres d'un même
tribunal ou d'une même cour peuvent être considérées
comme constituant le même juge, il n'en est pas de même
d'une cour d'appel réunie en audience solennelle, elle n'est
pas alors une juridiction identique à celle de chacune des
chambres qui la composent et ne saurait, par conséquent,
connaître de l'opposition au jugement par défaut rendu
par l'une d'entre elles (4).

1. M. Garsonnet, § 1027, note 4.
2. Art. 59 et 60.
3. Art. 62 du même décret modifié.
4. Dutruc, v° cit., n° 278 ; Boitard, n° 325 ; Cass., 15 janvier 1872,
S. 72, I. 116, D. 72, I, 52 ; Cass., 21 février 1870, D. 70, 1, 299.

Section II

L'opposition produit-elle dans tous les cas un effet
suspensif d'exécution ?

Les textes ne nous présentent formellement qu'un seul des effets de l'opposition. C'est celui qui résulte des termes de l'article 159 disposant que l'opposition... suspend l'exécution et de l'article 161 décidant que l'opposition irrégulière... n'arrêtera pas l'exécution.

Cet effet suspensif est, d'ailleurs, la conséquence attachée par la loi à toute voie de recours ordinaire. Aussi son existence ne fait-elle pas de doute.

Mais, il n'en est pas de même, en ce qui concerne sa portée. Nous verrons, dans la section suivante, les difficultés qu'il fait naitre lorsqu'on veut l'étendre au jugement lui-même et il nous faut rechercher ici dans quelles limites exactes il convient d'en faire l'application.

§ 1. — A quelle condition cet effet suspensif se produit-il en principe ?

La réponse est simple : toute opposition régulière en la forme doit arrêter immédiatement l'exécution poursuivie et la sanction consistera dans l'obligation, pour le demandeur, de payer les frais qu'il aurait illégalement faits et les dommages-intérêts auxquels il pourrait se trouver condamné, sans qu'il y ait lieu de distinguer selon que l'opposant aurait ou non triomphé dans la suite (1). Mais que faut-il décider si l'opposition est irrégulière ? Il résulte tant de l'art. 159, interprété *a contrario*, que des articles 161 et 162, qu'une opposition de ce genre ne saurait arrêter l'exécution poursuivie, et cependant une controverse s'est élevée en ce qui concerne l'opposition au jugement par défaut faute de conclure.

En effet, si l'article 162 (se conformant au principe général qui résulte de l'article 159), décide formellement que l'opposition irrégulière est nulle de plein droit et que l'exécution peut être « continuée sans qu'il soit besoin de la faire « ordonner », l'article 161, dans le cas qui nous occupe, est loin de donner une solution aussi claire. Il dispose que : « l'opposition qui ne sera pas signifiée dans cette « forme n'arrêtera pas l'exécution — elle sera rejetée sur « un simple acte — et sans qu'il soit besoin d'aucune au- « tre instruction ». Que faut-il entendre par là ? Décidera-t-on que dans cette hypothèse, l'opposition devra *toujours* suspendre l'exécution, alors même qu'elle serait manifestement irrégulière, et que la nullité n'en pourrait être invoquée, en vue de reprendre les poursuites, que lorsque le tribunal l'aurait déclarée formellement. On l'a soutenu, en prétendant qu'il était impossible, sans cela, d'expliquer pourquoi l'article 162 prescrit de faire rejeter, sur un simple acte, cette opposition irrégulière. Mais une telle doctrine ne peut être admise, car elle est en contradiction avec les principes de la matière, et l'argument qu'elle invoque n'est

1. La question cependant est controversée et certains auteurs semblent décider qu'un jugement de débouté pourrait, dans la suite, valider ces actes illégaux.

pas sérieux. Il est, en effet, très facile d'expliquer l'art. 161 et de le concilier avec le système général de la loi.

Dans tous les cas, l'opposition irrégulière est nulle de plein droit et incapable d'arrêter l'exécution. Mais la question sera souvent douteuse de savoir si réellement l'acte d'opposition n'a aucune valeur légale. Le demandeur le prétendra sans doute, mais le défaillant ne s'en remettra pas à l'appréciation de son adversaire ; il saisira les tribunaux de la contestation et c'est alors qu'il y aura lieu d'appliquer notre article. L'opposition est-elle véritablement irrégulière, les actes d'exécution que le demandeur, fort de son droit, aura accompli nonobstant l'opposition, l'auront été valablement, le tribunal le constatera en repoussant la prétention de l'opposant et ce « sur un simple acte et sans « qu'il soit besoin d'aucune autre instruction ». Si au contraire le demandeur s'est trompé et a poursuivi l'exécution malgré une opposition régulière, les actes qu'il a accompli seront déclarés nuls et il en supportera les frais sans préjudice des dommages-intérêts auxquels il pourrait être condamné (1). C'est, en somme, a dit un auteur, « une sorte « d'exécution provisoire, dont les chances doivent être cal- « culées par celui qui veut aller en avant et ne pas avoir « égard à l'opposition » (2).

1. Mais, si au lieu de continuer l'exécution le demandeur assigne son adversaire en débouté d'opposition, cette assignation ne peut rouvrir le débat que sur la question de validité. De telle sorte que si l'opposition est déclarée nulle, le défendeur ne peut pas faire valoir ses moyens d'opposition, puisqu'il est reconnu qu'il ne les a pas présentés dans les formes légales. Req., 6 août 1888, D. 89, I, 202.

2. Boncenne, III, p. 137 ; sur cette question, M. Garsonnet, p. 462; Boitard, n° 334 ; Rousseau Laisney, v. au mot *Jug. par déf.*, n° 263; Bioche, IV, *eod. verb.*, n° 302 ; Chauveau Carré, question 674

Cette observation nous amène à étudier, dans un second paragraphe, ce que c'est que la véritable exécution provisoire.

§ 2. — **Exception légale apportée au principe. Cas où l'opposition régulière elle-même n'arrête pas l'exécution. Exécution provisoire. Sous quelles conditions se produit-elle ?**

Le seul cas, où la loi ait apporté une dérogation au principe de l'effet suspensif, est celui où l'exécution provisoire a été ordonnée. Nous avons déjà parlé, dans le titre premier, des dispositions légales qui consacrent cette exception pour une autre hypothèse, celle où l'on veut exécuter, même pendant le délai de huitaine ordinairement suspensif. Il nous faut maintenant revenir sur la question pour le cas spécial qui nous occupe. « Pourront aussi les juges (dit l'ar-« ticle 155), dans le cas seulement où il y aurait péril en la « demeure, ordonner l'exécution nonobstant l'opposition, « avec ou sans caution, ce qui ne pourra se faire que par le « même jugement. »

On comprend que les juges n'accorderont au demandeur ce droit d'exécuter provisoirement, que dans des cas bien graves. Il faudra des circonstances véritablement exceptionnelles pour que le tribunal se décide à sacrifier ainsi les droits de la défense. Cependant on comprend que s'il y a péril en la demeure, il est de toute nécessité d'arrêter, par

Bruxelles, 14 ventôse an XII ; Toulouse, 6 avril 1824, D. A. *v° cit.*, n° 333 ; Cass., 29 août 1871, D. 71, I, 285 ; Lyon, 11 juillet 1872, D. 73, II, 91 (sur les effets refusés à l'opposition irrégulière).

une exécution rapide, des actes qui pourraient réduire à néant tout le profit que le gagnant devait tirer du jugement par lui obtenu (1).

Quant aux conditions auxquelles est soumise cette exécution provisoire, elles se rapprochent beaucoup de celles qui ont pour but de régler les situations déjà prévues dans le titre premier. C'est ainsi que cette mesure ne sera accordée que si le demandeur la réclame, et que le tribunal ne pourra statuer à son égard que par le même jugement qui aura prononcé la condamnation par défaut (2).

Mais, ces deux conditions écartées, nous remarquerons que l'article 155, dans cette hypothèse, diffère sur certains points, tant, de la règle posée dans son premier paragraphe, que des dispositions de l'article 135 en matière d'appel. Nous résumerons ces différences dans les trois observations qui suivent :

1° Il n'y a pas à tenir compte ici de l'énumération de l'article 135. L'exécution provisoire nonobstant opposition pourra être accordée quelles que soient les circonstances de l'affaire.

---

1. Aussi cette mesure rigoureuse ne sera-t-elle généralement prise par le tribunal, que lorsqu'il aura constaté que le défendeur n'avait fait défaut que par calcul et pour avoir le temps de mettre ses biens hors des atteintes de son adversaire. C'est ce qui justifie cette situation assez bizarre à première vue, d'une disposition. très rigoureuse pour le défendeur, dans un ordre d'idées où le législateur montre d'ordinaire à son égard une très grande mansuétude. Boitard, n° 321.

2 A moins que la demande ayant été formée avant le premier jugement le tribunal ait ajourné sa décision à cet égard jusqu'au moment où l'opposition serait formée. Req., 13 mars 1876, D. 77. I, 219 ; M. Garsonnet, § 1054.

2° Mais une condition est indispensable, il faut qu'il y ait une extrême urgence et que cette urgence soit constatée, au moins implicitement, par les termes mêmes du jugement (1).

3° Enfin le tribunal aura, dans ce cas, le droit d'exiger une caution de la part du demandeur qui veut exécuter provisoirement, mais il n'y est pas obligé. Il y a donc là une analogie avec la seconde disposition de l'article 135, mais, en même temps, une différence avec l'hypothèse où l'exécution serait poursuivie pendant la huitaine suspensive. C'est que cette différence est commandée par la raison. Lorsqu'on exécute dans la huitaine, le défaillant a un moyen très simple d'arrêter l'exécution, c'est de former opposition, il n'a donc pas besoin d'être autrement protégé. Au contraire, l'exécution nonobstant opposition, comme celle poursuivie nonobstant appel, n'ont pour contrepoids que le recours éventuel de l'opposant ou de l'appelant contre son adversaire ayant exécuté à tort. Ce recours il fallait le garantir, et c'est là l'objet du cautionnement exigé par le tribunal dès que la solvabilité du poursuivant ne lui paraît pas absolument certaine.

La différence qui existe entre ces deux espèces d'exécution provisoire permet de décider que le fait, par le tribunal, d'ordonner l'une d'entre elles n'emporte pas implicitement la possibilité de se prévaloir de l'autre. Cela est évident pour l'exécution permise dans la huitaine, puisque les conditions relativement faciles, auxquelles elle est soumise, ne s'expliquent que par le droit qu'a le défendeur d'en arrêter

1. Boitard, n° 321 ; M. Garsonnet, § 1054 ; Req., 3 avril 1872, D. 73, I, 25.

les effets en formant opposition. La solution est moins certaine dans la seconde hypothèse ; cependant nous ferons remarquer que le tribunal, en ordonnant l'exécution provisoire, a agi en connaissance de cause et que s'il n'a pas permis expressément au demandeur d'exécuter dans la huitaine, c'est qu'il n'a pas cru que le péril redouté était assez imminent pour permettre une double dérogation aux dispositions de la loi (1).

Section III

Quel est l'effet de l'opposition à l'encontre du jugement par défaut dont on poursuit la rétractation ?

Nous pouvons répondre que l'opposition a pour effet de remettre en question ce qui a été précédemment jugé, qu'elle rouvre une seconde instance qui n'est que la continuation de la première et où les parties conservent les mêmes rôles qu'elles avaient lors du précédent jugement. Mais si la plupart des auteurs consentent à adopter cette formule, ce n'est qu'à raison de sa portée à la fois vague et générale. La difficulté réside, en effet, dans la signification exacte qu'il convient de lui donner et vise le point de savoir dans quelle mesure le premier jugement peut être considéré comme remis en question. En d'autres termes, l'opposition formée suspend-elle seulement l'exécution du jugement par défaut,

1. M. Garsonnet, § 1054.

qui reprendra par conséquent toute sa force si le recours n'est pas admis, ou a-t-elle, au contraire, pour effet d'anéantir complètement la décision attaquée et de lui en substituer une autre qui pourrait seule produire un effet quelconque. Nous ne dirons pas pour cela que l'opposition n'aurait, suivant les uns, qu'un effet suspensif, tandis que son effet serait déclaré dévolutif par d'autres, car il ne faut pas dire d'une façon générale qu'une voie de recours dévolutive anéantit *ipso facto* la décision contre laquelle elle est dirigée (1). Quoi qu'il en soit, nous devrons avant tout signaler quelques hypothèses où la difficulté ne saurait se présenter.

Si l'opposition a été admise tant en la forme qu'au fond et que le jugement par défaut ait été rétracté, il importe peu que le premier jugement ait ou n'ait pas été anéanti par l'opposition (2), puisque cet effet sera nécessairement produit par le second jugement et qu'en conséquence tous les actes, tant conservatoires que d'exécution, auxquels il aurait été procédé antérieurement, devront être considérés comme nuls.

De même nous considérons comme certain que l'opposition irrégulière ne peut exercer aucune influence sur le jugement primitif, bien qu'il ait été soutenu qu'il fallait pour cela que l'irrégularité ait été jugée, et que tant qu'une décision n'aurait pas été rendue dans ce sens, l'opposition

1. M. Garsonnet, § 1055, note 3.
2. Cependant la question aurait pu se présenter à l'égard de conclusions nouvelles déposées par le demandeur, mais on comprend qu'étant donnée l'issue du procès, il importe peu que ces conclusions aient été rejetées comme non recevables ou comme mal fondées·

devait être considérée comme produisant ses effets ordinaires (1).

Mais cela est inexact, car un acte nul ne peut produire
aucun effet (2) et il en résulte que la question ne peut pas
plus se présenter ici que dans l'hypothèse précédente.

Il faut donc supposer que l'opposition légalement formée et comme telle, déclarée recevable par le tribunal, a
été rejetée sur le fond, les moyens de l'opposant n'ayant
pas paru suffisants. Quel aura été l'effet de cette opposition rejetée ?

La jurisprudence semble aujourd'hui absolument fixée.
D'après les arrêts de la Cour de cassation et de la plupart
des Cours d'appel, l'opposition régulière, dès qu'elle est
formée, a pour effet d'anéantir complètement le jugement
par défaut.

Les parties seront donc dans le même état que si aucune
décision judiciaire n'était intervenue entre elles, et la jurisprudence en tire des conséquences multiples qui montrent
l'intérêt de la question.

Il en résultera, en effet, que les parties auront le droit
de poser leurs conclusions comme si elles se présentaient
pour la première fois en justice. Le demandeur pourra
donc transformer ou augmenter celles qu'il avait précédemment prises et aura le droit de proposer une fin de non-

---

1. Notamment en matière de péremption de la première instance.
Chauveau, II, question 661.

2. Aussi la partie qui l'a formée pourrait-elle immédiatement interjeter appel sans attendre les résultats de son opposition. Bourges,
16 novembre 1839, D. A. *Appel civil*, n° 250.

recevoir qu'il aurait jusqu'alors négligé de produire (1). Il
lui serait aussi permis de réclamer, soit la contrainte par
corps, soit l'exécution provisoire ou toute autre mesure
qu'il n'avait pas demandée ou qu'il n'avait pas obtenue
lors du premier jugement (2). De même, il n'y aurait pas
lieu de statuer sur une prétendue nullité de ce même jugement, puisqu'on le considère comme inexistant (3). Mais si
toutes ces solutions sont favorables au demandeur, il en
est d'autres, que le même principe doit logiquement entraîner, et, qui pourraient lui causer un tort irréparable. Il
faudrait, en effet, déclarer que toutes les poursuites qu'il
aurait faites en vertu du jugement primitif devraient être
recommencées après le jugement de débouté (4), que
l'hypothèque judiciaire qu'il aurait inscrite serait nulle de
plein droit, et qu'il ne pourrait prétendre qu'au rang qui lui
serait assigné par une inscription prise après le nouvel
échec de son adversaire (5).

A l'égard du jugement rendu sur l'opposition, cette doctrine conduit à donner aux juges des pouvoirs très larges,
lorsqu'on la combine avec cette règle qu'en cour souveraine on plaide à toutes fins. Il en résulte notamment que
les magistrats, saisis de l'opposition à un arrêt par défaut,
doivent statuer sur toutes les questions soulevées *ab initio*

1. Cass. civ., 6 mars, 1889, D. 90, 1, 70-71 ; Bastia, 18 novembre
1846, D. 47, II, 6.
2. Chauveau sur Carré, question 621. Notes de M. Glasson sous les
arrêts d'Amiens, 20 novembre 1884, D 86, II, 62 et de la Cour de
Cass., 6 mars 1889, D. 90, I, 70 ; M. Glasson sur Boitard, 1, n° 334.
3. Nancy, 16 avril 1877, S. 79, II, 325.
4. Paris, 9 août 1893, D. 94, II, 301; Req., 31 octobre 1893, D. 94,
I, 549 ; Civ. rejet. 3 février 1892, D. 92, I, 115 et la note.
5. M. Glasson sous Boitard, *op. et loc. cit.*

quand même l'opposition aurait été restreinte à certains
points déterminés (1). Enfin, ils devront se placer, pour apprécier les circonstances de l'affaire, au moment où ils ont
à statuer contradictoirement (2).

Ces conséquences ont même été poussées si loin, qu'on
a vu une cour donner effet à une opposition qui n'était
pas encore formée et refuser au demandeur le droit d'appeler du jugement rendu par défaut, sous ce prétexte que
les délais n'étant pas encore expirés, le jugement était susceptible d'être anéanti par une opposition du défaillant, ce
qui devait empêcher de le déférer au juge supérieur.

« Attendu... que vainement il serait allégué que l'article
« 456 s'appliquerait seulement à l'appel interjeté par la
« partie défaillante, laquelle ne pourrait avoir le droit de
« recourir au deuxième degré de juridiction avant d'avoir
« épuisé le premier ; que cet article ne fait aucune distinc-
« tion entre les deux parties et qu'il est fondé sur ce motif,
« applicable à l'une comme à l'autre, que tant que les pre-
« miers juges peuvent encore être saisis par une opposi-
« tion qui anéantirait de plein droit le jugement par défaut,
« ce jugement ne peut être déféré à la juridiction supé-
« rieure » (3).

Cependant un arrêt récent a apporté à cette jurisprudence un tempérament indispensable (4) puisqu'il reconnaît
à l'opposition l'effet de raviver l'ancienne instance. Elle

1. Paris, 28 juin 1872, D. 73, II. 55.
2. Orléans, 7 novembre 1884 et 14 février 1885, D. 86, II, 70.
Ajoutons aussi la grave conséquence ci-dessus exposée en matière
de péremption.
3. Poitiers, 16 novembre 1880. D. 82, II, 6 et 7, S. 82, II, 220.
4. Paris, 2 mars 1893, D. 94, II, 210.

doit alors être considérée comme s'étant continuée d'une façon ininterrompue depuis le premier acte de procédure, et avoir depuis ce moment interrompu la prescription.

Quels sont donc les arguments présentés par la jurisprudence et les auteurs à l'appui de ce système ?

Ils se bornent en général à une affirmation basée sur des considérations de fait. D'après cette théorie, si l'opposition régulière en la forme doit, dans tous les cas et immédiatement, anéantir le jugement contre lequel elle est dirigée, c'est qu'une doctrine contraire serait incompatible avec les règles légales. Puisque les parties gardent sur l'opposition les rôles qu'elles avaient dans la première instance, force est bien d'admettre que le premier jugement n'existe plus, sans quoi il faudrait l'attaquer et l'opposant deviendrait ainsi, forcément, demandeur. C'est ce qui arrive pour l'appel. Personne dans ce cas ne conteste que le jugement attaqué reste debout jusqu'au jour où il est réformé, mais c'est que, dans ce cas, l'appelant est un demandeur ayant à sa charge la preuve du mal jugé. La situation est loin d'être la même en matière d'opposition. L'opposant se borne à réclamer un jugement contradictoire devant remplacer le jugement par défaut qui lui fait grief, mais il ne se charge pour cela d'aucune preuve et conserve la position qu'il avait lors de la première instance.

La décision n'était jusqu'alors que provisoire, mais l'opposition intervenant « redresse les qualités incomplètes de « l'instance dans laquelle le défendeur se présente pour rem« plir le vide que son défaut y avait laissé » (1). Grâce à

1. Boncenne, III, p. 123.

cette opposition « le jugement par défaut est comme non
« avenu.... et la première instance est ressuscitée par l'a-
« néantissement du défaut » (1). « L'opposition, bien qu'in-
« troduite par une instance séparée de celle sur laquelle est
« intervenu le jugement attaqué, en est néanmoins la suite
« immédiate et se rattache à tous les actes antérieurs pour
« n'en former qu'une seule et même instance » (2).

Cependant nous ne pouvons admettre ce système qui est
d'ailleurs combattu par des auteurs considérables. La théorie que nous lui opposons a en effet le mérite de s'appuyer
sur les textes, et nous montrerons qu'elle est loin d'entraîner les conséquences graves qui en seraient le résultat, au
dire de l'opinion adverse. Nous pouvons la résumer de la
manière suivante :

L'opposition ne saurait, par elle-même, produire qu'un
effet suspensif de l'exécution du jugement, mais elle ne
peut atteindre ce jugement lui-même, qui doit rester debout tant qu'un jugement postérieur ne l'aura pas anéanti.
Si donc la décision qui intervient dans la suite est un jugement de débouté, il faut en conclure que l'obstacle légal
étant levé, la première décision, qui n'avait été privée que de
sa force exécutoire, la reprend immédiatement. Et il résulte
de ce système que tous les actes valablement accomplis en
vertu de ce jugement, qu'ils soient actes conservatoires ou
actes d'exécution, devront être maintenus, si l'opposition
est rejetée dans la suite (3). Cette seule considération qui

---

1. Chauveau, tome II, quest. 661, p. 80, note 1, citant Menelet.
2. Chauveau Carré, III, question 1422.
3. Boitard, n° 325 et les arrêts cités ; M. Glasson ; note sous Cass.,
6 mars 1889, D. 90, I, 71 ; M. Garsonnet, § 1055. En ce sens : D. A.

écarte ainsi les plus grands inconvénients résultant de l'autre système, suffirait pour faire prévaloir la doctrine que nous soutenons. Mais nous avons dit qu'elle avait en outre un solide point d'appui dans les textes. De l'examen des articles 155, 159, 161, 162, 435, 438, il ressort, sans qu'aucun doute soit possible, que l'exécution n'est que suspendue ou arrêtée (1) mais aucun de ces articles n'ajoute que les actes valablement accomplis sont pour cela anéantis.

Il faut ajouter qu'il est difficile d'admettre que l'opposition puisse anéantir le jugement par défaut puisque cet effet n'est pas reconnu à l'appel (2). Cependant cette observation n'est pas très concluante, car les deux voies de recours, bien qu'étant de même nature, présentent entre elles des différences importantes.

Mais nous tirons un argument décisif de l'article 155 car il est impossible de concilier cet article avec la jurisprudence. Comment, en effet, un jugement anéanti peut-il servir de titre à une exécution même provisoire (3).

Il est vrai que le système de la jurisprudence permet de justifier certaines solutions fort utiles, notamment celle qui permet au demandeur de transformer ses conclusions primitives. Or il semble bien que ces décisions si équitables

Jug. par défaut, n° 348 et 351 ; Tribunal de la Seine, novembre 1867 et Paris, 28 juillet 1868, D. A. *Supp¹ Jug. par déf.* n° 142 ; Dijon, 26 janvier 1866., D. 66, II, 71 : Toulouse, 16 mars 1887, cité dans l'arrêt du 6 mars 1889, D. 90, I, 71, jugement du tribunal de Fontainebleau, 30 mars, 1893, D. 94, II, 301.

1. *Contra*, Chauveau, question 661.

2. M. Garsonnet, § 1055.

3. M. Garsonnet, *op. et loc. cit.* En ce sens : Note sous Rejet, 13 décembre 1893, D. 94, I, 257.

deviendraient impossibles avec la doctrine que nous soutenons (1). Mais cette objection, elle-même, doit tomber devant les considérations qui ont été présentées à ce sujet par M. Glasson (2).

1. M. Garsonnet, § 1055.

2. M. Glasson, note sous l'arrêt du 6 mars 1889.

Cette question des demandes nouvelles a été examinée par M. Chauveau, II, question 620 *bis*, qui a fait valoir dans le même sens, un certain nombre d'arguments. D'après lui, l'opposition une fois formée doit produire ses effets, tant à l'égard de celui qui a obtenu le jugement attaqué qu'en faveur de l'opposant lui-même. C'est un motif d'analogie qui commande cette solution. Si, en effet, le renvoi de l'affaire à une autre audience, une fois les conclusions posées, n'empêche pas les deux parties de renouveler leurs conclusions, il doit en être de même dans l'hypothèse qui nous occupe. « Peu im-« porte, ajoute-t-il, que la cause soit mise au rôle après la compa-« rution du défendeur sur la première assignation, ou qu'elle y soit « placée après qu'un jugement par défaut a été rendu contre lui. Sa « position est la même. »

Cependant des auteurs ont soutenu que telle n'était pas l'idée de la loi. Le demandeur comparant a, en somme, été jugé contradictoirement. Ce n'est donc qu'en faveur du défaillant que l'opposition a été créée et c'est à lui seul qu'elle doit profiter. Le demandeur devait réclamer tout ce qu'il voulait lors de la première instance, on doit présumer qu'il l'a fait. Si le tribunal a refusé d'admettre quelques-unes de ses prétentions, il a agi en connaissance de cause ; il n'y a pas ici, comme en faveur du défaillant, de présomption que les juges ont pu être mal informés. Il y a chose jugée et le tribunal ne peut pas revenir sur ce qu'il a décidé. A moins toutefois, qu'ayant omis de statuer, le tribunal se soit réservé le droit de le faire dans la suite.

Mais ces distinctions sont inadmissibles. On ne peut ainsi scinder un procès et donner à un jugement la qualité de chose jugée à l'encontre de l'une des parties, en même temps qu'on permet à l'autre d'attaquer ce même jugement ; d'autant plus que (malgré la décision contraire de la Cour de Poitiers, du 16 novembre 1880), le demandeur primitif pourrait interjeter appel en même temps que son adversaire formerait opposition, ce qui donnerait peut-être lieu à des décisions contradictoires.

Pour ces raisons ajoutées à celles invoquées par M. Glasson, nous permettrons au demandeur de profiter de l'opposition de son adversaire pour former, s'il le veut, des demandes nouvelles.

« Nous ne voyons pourtant pas que ce soit là, dit notre
« savant maître, une conséquence nécessaire du système
« qui limite les effets de l'opposition. Il est vrai qu'en
« cause d'appel, la loi n'admet pas les demandes nouvelles
« sauf certaines exceptions déterminées par l'article 464 Pr.
« Mais quelle est la cause de cette prohibition ? Elle tient
« uniquement à ce que ces demandes nouvelles, si elles
« étaient admises en cause d'appel, n'auraient pas subi le
« premier degré de juridiction. Or ce motif disparait com-
« plètement au cas d'opposition, car alors l'affaire se pré-
« sente devant les juges du premier degré. »

De même on pourrait se placer aussi dans l'hypothèse
spéciale d'un arrêt de la Cour d'Orléans du 7 novembre
1884 (D. 86, II, 70) et prétendre que la théorie de la jurisprudence est nécessaire en face de certaines considérations
de fait. Mais, pas plus que dans le cas précédent, cette solution ne répugne à notre système. Il avait été décidé, en
effet, que la faillite ne saurait être considérée comme déclarée, alors qu'un jugement par défaut serait cependant
intervenu dans ce sens, si, après opposition et lors du jugement contradictoire, l'état de cessation de paiements avait
cessé d'exister. Or il est certain que cette solution sera toujours admise, sans qu'on ait besoin pour cela de déclarer
anéanti par l'opposition le jugement antérieurement rendu
par défaut, car la mise en faillite ne peut pas plus être
prononcée dans l'espèce qu'elle ne pourrait l'être en cas
d'appel, si le commerçant prouvait que, depuis le jugement
de première instance, l'état de cessation de paiement, où
il se trouvait alors, a pris fin (1).

1. M. Garsonnet, § 1055.

Si nous ajoutons à toutes ces considérations celles que nous avons exposées pour repousser la théorie de la jurisprudence en matière de péremption, nous pourrons remarquer que notre système réalise tous les avantages de celui de la jurisprudence sans avoir ses inconvénients, c'est pourquoi nous n'hésitons pas à l'admettre.

Cette solution nous servira aussi à prendre parti dans une question également discutée, c'est-à-dire, sur le point de savoir lequel des deux jugements, successivement rendus, il conviendra de signifier et d'attaquer (1).

Nous n'hésitons pas à déclarer qu'il faut s'en prendre uniquement au jugement primitif (2). La théorie adverse se base, en effet, sur des raisons que nous ne pouvons admettre. Elle prétend que le jugement contradictoire tranche seul véritablement le litige, car le premier jugement n'est devenu en quelque sorte qu'un acte de procédure ; pour quelques-uns même, il n'existe plus, ayant été anéanti par l'opposition (3). Mais cette doctrine n'est pas la nôtre. Pour nous, le jugement par défaut est toujours resté debout, son effet seulement avait été suspendu et le jugement de débouté qui se borne à une confirmation, ne fait que lui rendre la force exécutoire dont il avait été momentanément privé. Il est donc très logique d'admettre que ce premier jugement doit seul être attaqué par la voie de l'appel.

---

1. On suppose, bien entendu, que le second jugement n'a fait que confirmer le premier, et qu'il a été rendu sur le fond.

2. C'est l'opinion de la jurisprudence actuelle. Mais il serait peut-être difficile de la concilier avec sa théorie générale sur les effets de l'opposition. Il y a d'ailleurs des décisions en sens divers. M. Garsonnet, § 1055, note 12.

3. Chauveau, IV, question 1645.

D'ailleurs, s'il est réformé par la Cour, cela entraînera nécessairement réformation du second jugement qui n'en était que la conséquence, puisque les deux instances n'en font qu'une en réalité. Mais il serait néanmoins prudent de mentionner dans l'acte d'appel, qu'un jugement contradictoire a été rendu qui a confirmé le jugement qu'on attaque (1).

Mentionnons une dernière opinion qu'on peut considérer comme assez raisonnable et qui consisterait à dire que les deux jugements s'identifiant, il est indifférent d'attaquer l'un ou l'autre (2).

Section IV

Quels sont les autres effets que pourrait produire l'opposition?

L'opposition peut encore exercer une certaine influence sur des matières qui ne se rattachent pas directement au jugement par défaut lui-même. C'est ainsi qu'il y a lieu de faire quelques observations en ce qui concerne les effets qu'elle pourrait produire sur le délai d'appel et sur le délai de six mois, pendant lequel, l'article 156 prescrit d'exécuter les jugements rendus par défaut faute de comparaître.

Quant au délai d'appel, il est naturel qu'il puisse être suspendu par une opposition formée, et qu'il ne recommence

1. Dans notre sens : Rennes, 31 août 1810, D. A. *Appel civil*, n° 269; Fontainebleau, 30 mars 1893, D. 94, II, 301.
2. Rodière, II, p. 92.

à courir qu'à partir du jour de la signification au défendeur
du jugement rejetant son opposition. Cette solution est
d'ailleurs commandée par l'article 455, qui ne permet d'interjeter appel d'un jugement susceptible d'opposition, qu'a-
près l'expiration des délais de cette voie de recours et aussi
par cette observation que « la loi, préférant l'opposition à
« l'appel, a voulu que le défaillant pût la former sans rien
« compromettre, que son droit d'appeler restât intact et
« que le délai d'appel ne courût contre lui que du jour où
« il aura usé sans succès de l'opposition ou laissé passer le
« temps de la former » (1). Mais il y a mieux, puisque la loi
a édicté à ce sujet une règle spéciale comprise dans l'article
443, et qu'elle a décidé que « le délai pour interjeter appel
« courra pour les jugements par défaut du jour où l'oppo-
« sition ne sera plus recevable » (2).

Mais que faut-il décider en ce qui touche le délai de péremption établi par l'article 156. Sera-t-il aussi interrompu
par l'opposition du défaillant ?

La question se présente sous divers aspects et doit recevoir suivant les cas des solutions différentes.

Si l'opposition a été régulièrement formée, l'affirmative
ne fait pas de doute, car l'article 156 ne reçoit son application que si l'exécution est, pendant tout le délai qu'il accorde,
restée possible tant en fait qu'en droit. Or, nous sommes ici
en face d'un obstacle légal, d'une prohibition que le demandeur ne pouvait enfreindre sans s'exposer à des dommages-
intérêts et à des frais souvent considérables.

1. M. Garsonnet, § 1064.
2. Cet article ne fait pas double emploi avec l'article 455, car
ayant une portée générale, il s'appliquera à certaines hypothèses
qui n'étaient pas visées par cette disposition. M. Garsonnet, § 1064.

Mais, au contraire, la question est beaucoup plus douteuse si on la considère sous une autre face.

Nous supposerons que l'opposition a été irrégulièrement formée. Or, dans ce cas, il n'existe aucune impossibilité d'agir, puisque l'opposition irrégulière est nulle et incapable d'arrêter l'exécution poursuivie. C'est pour ces motifs que nous déclarerons que le cours du délai de six mois ne saurait, alors, être considéré comme suspendu. Sans doute, l'irrégularité peut être très délicate à juger et le demandeur pourra se trouver dans une position très fâcheuse, placé entre une exécution, qui motivera peut-être un recours contre lui, et la perte même de son droit. Nous répondrons à cela, qu'il en est de même dans tous les procès, où le gain d'une cause peut reposer sur telle ou telle interprétation de la loi, et nous ajouterons que le demandeur s'il eût été diligent, serait certainement parvenu à faire juger l'irrégularité de l'opposition avant l'expiration des six mois.

Mais il y a cependant une hypothèse, où il est exempt de toute faute, sauf peut-être de cette négligence excusable, et c'est dans ce cas que la question doit être considérée comme absolument douteuse puisque les principes conduisent à des résultats inacceptables.

Il faut supposer un jugement par défaut contre partie dont l'exécution n'a été poursuivie que peu de jours avant l'expiration des six mois. Elle est arrêtée par une déclaration d'opposition. Mais nous n'ignorons pas, que celle-ci doit être réitérée dans la huitaine, et que tant que cette huitaine ne se sera pas écoulée sans réitération, la simple déclaration d'opposition doit arrêter l'exécution. Le demandeur se trouve donc dans l'impossibilité légale d'exécuter et cependant son

adversaire ne manquera pas de lui opposer le défaut d'exécution, lorsque la huitaine et les six mois expirant ensemble, l'opposition sera rétroactivement considérée comme
irrégulière, faute de réitération. La situation est insoluble,
si l'on ne veut admettre que le délai de péremption doit être
prolongé des huit jours pendant lesquels il était moralement impossible au demandeur de poursuivre l'exécution.
C'est l'opinion que nous admettons (1), mais il faut reconnaître qu'elle se heurte aux principes et qu'elle est absolument arbitraire.

Section V

A l'égard de qui l'opposition produit-elle ses effets?

Nous avons déjà remarqué, incidemment, que l'opposition
devait produire ses effets à l'égard de deux parties en cause.
Mais la question, qui se présente ici, a une portée plus générale. Il faut en effet rechercher si l'opposition légalement
formée par la partie défaillante ne pourrait pas être invoquée par certains intéressés qui n'auraient pu, par eux-
mêmes, user de cette voie de recours. C'est ce qui se présente en matière de solidarité, d'indivisibilité, et de garantie.

1. En ce sens : Chauveau, tome II, question 683; *Contra,* Carré,
même question; Lyon, 4 septembre 1810, D. A. *Jug. par défaut,*
n⁰ 390, décide que cette opposition incomplète ne peut valoir exécution et interrompre la péremption.

Il faut supposer, en ce qui concerne le premier point, que plusieurs débiteurs solidaires ont été condamnés, mais que le jugement a été rendu contradictoirement avec les uns et par défaut contre un autre, et l'on se demande si l'opposition qui serait formée par celui-ci devrait profiter à ses codébiteurs (1).

Nous admettrons la négative pour les raisons déjà indiquées plus haut sur la question de savoir qui peut former opposition (2). Nous avions décidé que le codébiteur solidaire ne pouvant se voir opposer le jugement obtenu contre son codébiteur, ne pouvait y former opposition. Aussi faut-il conclure que l'opposition formée par l'un d'eux ne saurait profiter à celui qui a été jugé contradictoirement.

En effet, nous avons vu que la solidarité ne produit une indivisibilité réelle qu'au profit du créancier, et qu'à l'égard des débiteurs, les liens étant multiples ce qui est jugé contre l'un d'eux ne saurait nuire aux autres. De même ce qui est jugé sur l'opposition formée par l'un d'eux, ne peut détruire la chose irrévocablement jugée contre les autres (3). Ces observations réfutent d'ailleurs l'opinion contraire, qui ne peut se baser que sur la communauté d'intérêt qui existe entre les débiteurs solidaires, d'où il résulterait qu'une ex-

1. La théorie du défaut profit joint enlève beaucoup d'intérêt à cette discussion qui ne peut plus guère se présenter aujourd'hui qu'en matière commerciale.

2. Titre II, chapitre II.

3. Nîmes, 12 février 1807, D. A. *Jug. par déf.*, n° 335 (Jugé d'une façon générale sans qu'on ait fait intervenir la question de solidarité). Cass. civ. 3 juin 1806. D. A. *v° cit.*, n° 207, cassant Toulouse, 26 pluviôse an XI, D. A. *v° cit.*; Cass., 25 janvier 1831, D. A. *Chose jugée*, n° 52 ; *Contrà*, M. Garsonnet, § 1056.

ception. commune ne saurait être admise pour l'un et repoussée pour l'autre, d'autant plus que les codébiteurs solidaires doivent être considérés comme ayant un mandat réciproque. Mais nous ferons remarquer, que ce raisonnement conduirait à refuser l'opposition au codébiteur défaillant plutôt qu'à en faire profiter, contrairement à tous les principes, un plaideur qui a comparu, et en outre nous rappellerons que nous n'avons pas voulu admettre ce prétendu mandat, sauf dans les cas où il ne s'agit que de la conservation des droits du créancier.

Mais cette doctrine ne doit pas être étendue en dehors de ses termes et il faut permettre au débiteur de se prévaloir de l'opposition de son cointéressé lorsque cette indivisibilité qu'on allègue existe réellement de part et d'autre. C'est alors qu'on peut déclarer impossible de scinder la chose jugée parce qu'on ne conçoit pas que la décision puisse être exécutée contre l'un, sans l'être en même temps contre l'autre (1).

La même question se présente en matière de garantie et l'on se demande si l'opposition du garant peut remettre en question la condamnation principale intervenue au profit du demandeur contre le garanti. Cette solution serait inadmissible dans un cas, celui où le garant n'aurait pas été appelé en cause. Il est certain que le jugement intervenu entre le garanti et le garant étant alors tout à fait distinct du premier, ne pourrait avoir sur celui-ci aucune influence. Il y a, dans cette hypothèse, deux affaires différentes qui ne se trouvent liées qu'en fait et nullement en droit. D'ailleurs

1. Req., 3 février 1846, D. 46, I, 102, S. 46, I, 737.

le garanti est en faute de n'avoir pas appelé son garant en
cause. Il a peut-être négligé de faire valoir certains moyens
et cette considération est suffisante pour expliquer et justifier la contradiction qui existe entre les deux décisions (1).

Mais la situation n'est pas la même s'il n'y a eu deux décisions distinctes que par suite du défaut du garant dans
la première instance. Celui-ci forme opposition et obtient
gain de cause. Faut-il en étendre le bénéfice au garanti
précédemment condamné, ce qui donnerait en réalité à l'opposition du garant, le pouvoir de remettre en question la
première instance et de détruire la chose jugée qui existait au profit du demandeur principal. La question est controversée. D'un côté, en effet, les auteurs (2) prétendent
qu'il ne faut pas se prévaloir ici de l'indivisibilité, car elle
n'existe pas. Il peut bien y avoir en fait connexité intime
entre les intérêts du garant et ceux du garanti, mais il n'y
a là rien de légal, sans quoi la loi n'aurait pas eu besoin
de permettre spécialement la réunion des deux affaires
dans une même procédure. C'est en cela seulement qu'on
déroge aux principes ordinaires, aussi faut-il, en dehors de
cette hypothèse, considérer les deux affaires comme distinctes. Dès lors, en quoi l'opposition postérieure du garant, qui n'est qu'un tiers, pourrait-elle détruire la chose
jugée à l'égard du demandeur principal et du garanti. La
loi montre bien qu'ils sont des tiers les uns à l'égard des
autres, puisqu'elle permet que les deux procès soient jugés
séparément, et qu'elle défend même que l'action en garantie puisse retarder le jugement de la cause principale.

1. Cass. rej., 8 avril 1874, D. 75, I, 440, S. 74, I, 368.
2. Chauveau Carré, tome IV, question 1581, *quater*.

Sans doute il y a entre les deux prétentions une corrélation intime, puisque l'action du garanti a sa cause dans la condamnation prononcée contre lui en faveur du demandeur. Mais, de ce que la valeur de cette condamnation devra nécessairement être discutée dans la seconde instance, il ne s'ensuit pas qu'elle puisse pour cela être anéantie. La condamnation du garant peut dépendre de la légitimité de celle du garanti sans que celle-ci soit nécessairement soumise à l'exécution de celle-là, parce que les parties n'étant pas les mêmes, les deux instances sont indépendantes.

Mais tous ces arguments doivent plier devant les considérations de fait qui ont guidé la jurisprudence. Aussi admettrons-nous avec elle que la condamnation principale doit être remise en question par l'opposition du garant; car l'application stricte que l'on ferait dans cette hypothèse des principes qui régissent l'effet de la chose jugée conduirait à des résultats absurdes. Le garanti n'est pas en faute, puisqu'il a appelé son garant, comment donc le défaut de celui-ci pourrait-il entraîner contre lui une condamnation définitive qui n'aurait pas été prononcée si le garant s'était présenté. Comment donc pourrait-on déclarer, logiquement, que le fait constitutif de garantie n'existe pas et vouloir maintenir en même temps un jugement qui déclare qu'il existe, alors surtout que l'affaire dans les deux cas se présente dans des termes identiques.

Cela est évidemment impossible, et c'est pourquoi nous déclarons que l'opposition du garant doit avoir pour effet de remettre l'affaire en question, même à l'égard du demandeur primitif (1).

1. En ce sens : Cass., 11 mai 1830, D. A. *Exception*, n° 551 ; Pau,

22 novembre 1869, D. 71, 11. 204 ; Cass. civ., 9 février 1874 et *Contrà*,
Nevers, 5 février 1872, D. 75, 1, 375 ; Cass., 5 avril et 13 juin 1876,
D. 79, I. 31 ; Rej., 3 mai 1858, D. 58, I, 216 et la note. Cet arrêt res-
pecte la chose précédemment jugée entre le demandeur et le garanti, mais déroge aux principes généraux en prononçant au profit
du garant, une condamnation contre ce demandeur principal qu'on
devait cependant considérer comme un tiers.

TITRE IV

PARTICULARITÉS DE L'OPPOSITION AUX ARRÊTS PAR DÉFAUT

Il est naturel d'appliquer aux arrêts par défaut, les règles qui ont été posées en ce qui concerne les jugements de première instance. On distinguera donc le défaut faute de comparaître et le défaut faute de conclure ; celui du demandeur, qui sera ici l'appelant, et celui du défendeur, l'intimé. Le jugement (1) ou l'arrêt ainsi rendu par défaut sera, naturellement, susceptible d'opposition et cette opposition sera ouverte, au défaillant, aussi largement qu'en première instance. Elle sera formée dans les mêmes délais et seras oumise aux mêmes conditions de forme. Les juges devront aussi, dans les deux hypothèses, observer les mêmes mesures de précaution pour la protection du défaillant, mais pourront aussi accorder contre lui l'exécution provisoire.

Cependant les principes de l'appel, de même que l'état particulier où se trouve alors le litige, devaient amener quelques différences, peu nombreuses d'ailleurs et qui ne concernent qu'indirectement la matière de l'opposition.

1. Lorsque le tribunal d'appel est un tribunal d'arrondissement. Mais nous raisonnerons dans l'hypothèse d'un arrêt par défaut.

C'est ainsi que cette voie de recours a, dans l'espèce qui nous occupe, une importance considérable pour le défaillant, car c'est la seule voie de recours ordinaire qui lui soit désormais ouverte, puisqu'il a épuisé son droit d'appel. Aussi sera-t-il condamné définitivement, bien qu'il n'ait été jugé que par défaut, s'il a négligé de former régulièrement son opposition, ou s'il se trouvait en face d'un arrêt non susceptible de cette voie de recours.

En ce qui touche la condition de l'appelant, on peut dire que la situation de celui-ci n'est pas celle d'un demandeur ordinaire. Il a à lutter contre la très forte présomption qui résulte du jugement déjà obtenu contre lui, présomption tout entière en faveur de l'intimé et qui commandera aux juges, d'examiner avec le plus grand soin les conclusions de l'appelant, avant de les lui adjuger. Aussi arrivera-t-il, plus fréquemment qu'en première instance, que l'appelant comparant se verra condamné malgré le défaut de son adversaire et ne pourra, ayant comparu, former opposition à ce jugement de condamnation (1).

Si, au contraire, c'est l'appelant qui a refusé de poser ses conclusions, une controverse a été soulevée, sur le point de savoir quelle est alors la mission de la cour et sur les effets de l'arrêt qu'elle prononce.

En ce qui concerne le premier point, il est admis que l'appelant défaillant doit être traité plus rigoureusement qu'un demandeur ordinaire. Il est de règle, en effet, que « les griefs ne se suppléent point » et les juges ne peuvent faire autrement que de confirmer purement et simplement une

1. M. Garsonnet, § 1068, note 4, citant Paris, 7 mars 1891, *Gazette des Tribunaux* du 21, p. 273.

décision que l'appelant lui-même n'ose pas critiquer, après avoir manifesté son intention de le faire. Aussi l'intimé n'a-t-il pas à justifier ses conclusions et les juges ne sont pas, comme en première instance, dans la nécessité de procéder à leur vérification. Car l'abstention du défendeur primitif, aujourd'hui appelant, est en quelque sorte un acquiescement tacite au jugement dont est appel ; c'est pourquoi les juges peuvent se contenter de le confirmer, par une simple adoption de motifs. Cependant, il existe un certain nombre d'exceptions à cette règle, lorsque des principes supérieurs commandent la vérification des conclusions de l'intimé. C'est ce qui arrive quand l'ordre public est intéressé, par exemple en cas de divorce ou de séparation de corps. Il faut alors examiner attentivement l'affaire et rechercher si le défaut de l'appelant ne dissimule pas un acquiescement interdit en pareille matière (1) ; de même si l'appelant est un incapable, car il pourrait, sans cela, se pourvoir par requête civile, sous prétexte qu'aucune défense n'a été ébauchée en sa faveur (2). De même si l'intimé a formé appel incident, car il est alors devenu appelant et son adversaire doit être considéré comme un défendeur ordinaire (3). Même solution, s'il a demandé la nullité de l'acte d'appel (4).

Mais il faut rechercher maintenant quel est, à l'égard de l'appelant, l'effet de cet arrêt par défaut. Doit-il être

1. Req. 23 octobre 1889, D. 90, I, 397.
2. Civ. Cass., 27 mars 1850, D. 50, I, 123 ; M. Garsonnet, § 1069.
3. Limoges, 25 juillet 1887, D. 88, II, 103. M. Garsonnet, *op. et loc. cit.*, note 14.
4. Cass. 20 février 1833, Chauveau-Carré, Quest. 617.

considéré comme un congé ordinaire, ou au contraire, faut-il y voir un arrêt jugeant le fond ? L'intérêt de la question tient à ce que, dans le premier cas, l'appelant pourrait renouveler son appel, s'il est encore dans les délais ; tandis que dans le second, il serait dans la nécessité d'user de la voie de l'opposition. La première doctrine, résulte d'un arrêt de la Cour de cassation de Belgique (1), qui a décidé que l'arrêt de défaut congé prononcé en faveur de l'intimé contre l'appelant, ne peut statuer au fond que si les juges en ont été requis, et que dans le cas contraire l'arrêt ne peut être considéré comme confirmatif.

Nous n'admettons pas cette solution qui est en contradiction avec la pensée de la loi sur ce point. Aux yeux du législateur, le litige sur lequel est intervenue une double décision judiciaire, est désormais tranché, il en résulte que l'arrêt rendu doit avoir force de chose jugée, et que cette autorité ne peut être détruite que par un recours dirigé contre la dernière décision. Celle-ci n'est donc pas une simple relaxe et cette disposition se concilie très bien avec celle de l'article 469. Puisque la péremption de l'instance d'appel détruit non seulement l'instance, mais encore le droit de l'appelant, et l'empêche de renouveler son appel, alors même qu'il serait encore dans les délais, pourquoi n'en serait-il pas de même, dans le cas d'acquiescement tacite qui nous occupe actuellement (2) ? Il n'y a pas de raison pour repousser cet argument d'analogie. Aussi déciderons-nous que l'appelant n'aura à sa disposition que la voie d'opposition, pour remettre en question la chose jugée contre lui.

1. 17 janvier 1846, D. 46, II, 63.
2. M. Garsonnet, § 1069.

D'ailleurs, l'opposition produira les mêmes effets que lorsqu'elle est dirigée contre un jugement de première instance, elle fera revenir l'affaire devant les mêmes juges, et on appliquera ici tout ce qui a été dit pour la première hypothèse. Mais les juges d'appel pourraient faire ici application de la règle « En cour souveraine on plaide à toutes fins » et juger la cause d'une façon générale, quand bien même le défaillant n'aurait fait porter son opposition que sur une question de forme (1).

Enfin, une dernière dérogation aux principes ordinaires doit être signalée. Lorsque le défaut se produit en cause d'appel, il en résulte que l'affaire quelle qu'elle soit, doit être jugée sommairement, pourvu toutefois que la procédure sommaire existe devant la juridiction qui devra connaître de l'appel interjeté (2).

1. Paris, 28 juin 1872, D. 73, II, 55.
2. M. Garsonnet, § 1067.

CONCLUSION

En résumé, et comme conclusion de cette étude, nous constaterons que la théorie des jugements par défaut, comme tout le Code de procédure d'ailleurs, est demeurée, au milieu de notre état moderne, comme un reste des régimes disparus.

L'ordonnance de 1667 avait été rédigée avec beaucoup de soin. Il n'en fut pas de même pour le Code de procédure qui la prit comme base et n'y apporta qu'un nombre assez restreint de modifications. Cependant cette œuvre, bien que trop rapidement conduite, ne doit pas être dédaignée, car elle avait su, malgré tout, réaliser de grands progrès.

Il ne faut pas se dissimuler, tout en reconnaissant que la législation antérieure était très imparfaite, il était difficile de sortir « de l'ornière profonde qu'avait creusée une « pratique de plusieurs siècles. (1) » Sans doute nous reprocherons au législateur de n'avoir pas su diminuer les formalités, et d'avoir employé un langage barbare et vieilli qui, souvent, ne traduisait qu'imparfaitement sa pensée, mais, d'un autre côté, nous devons reconnaître que des réformes utiles ont été réalisées : le défaut profit joint a été organisé, le défaillant a été sérieusement protégé par les

1. Bellot, *Exposé des motifs de la loi sur la procédure civile pour le canton de Genève*, Introduction, p. 5.

dispositions de la loi en matière de défaut faute de comparaître et par la disposition de l'article 156.

Malgré tout, une réforme s'impose, elle a été tentée à plusieurs reprises, plusieurs propositions de loi ont été déposées ; espérons que la dernière aura meilleur sort que les autres.

Il est en effet urgent de remanier, sinon remplacer, le Code de procédure. La France, au commencement du siècle, a su donner l'exemple de l'activité législative, en vue d'une codification nécessaire, mais, malheureusement, elle s'est depuis longtemps laissée distancer par ses voisins (1).

Presque tous les autres peuples de l'Europe ont aujourd'hui des Codes récents ; nous seuls vivons sous une législation qui pour n'être vieille que d'un siècle n'en est pas moins, de l'aveu de tous, incapable de répondre aux besoins nouveaux de notre civilisation.

Ces critiques s'appliquent plus encore au Code de procédure qu'à tout autre, puisque, dix ans après sa promulgation, on relevait déjà en lui toutes les imperfections qu'on signale encore aujourd'hui.

Il est nécessaire de faire disparaître ces vieux termes de procédure qui ne répondent plus à un sens réel et aussi, de modifier la législation elle-même.

---

1. Nous citerons parmi eux : La loi suisse sur la procédure civile du 29 septembre 1819, mise à exécution le 1er janvier 1821. De même pour la Hollande en 1838 (révision en 1871). Citons aussi : l'Angleterre, pour l'Inde, en 1860 (révision en 1877) ; la Russie, en 1864 (révision en 1881-1884) ; l'Italie et la Roumanie, en 1865-1866 ; le Portugal, en 1876 ; l'Allemagne, en 1876-1877 ; l'Espagne, en 1881. Enfin, l'Autriche et la Belgique se livrent en ce moment à un travail législatif dans ce sens (M. Glasson, *La codification en Europe*).

Pour nous en tenir à l'objet de notre étude, nous dirons que la protection du défaillant a été poussée trop loin et qu'elle aboutit souvent à compromettre les droits du demandeur. Nous ajouterons que le défaut faute de conclure n'a aucune raison d'être, et que son caractère purement vexatoire doit être un motif pour faire désirer sa suppression. De même les lacunes que présente le Code de procédure devraient être comblées et il serait nécessaire de donner au comparant le moyen de remplacer l'exécution quand elle est impossible. Toutes ces réformes ont été examinées par la commission de 1883 ; elle a su aussi en introduire d'autres, notamment en matière de défaut congé. La parole est aujourd'hui au Parlement ; il est saisi de la question depuis le 5 mai 1894, espérons donc que ces dispositions si sages deviendront bientôt des règles légales, mais espérons aussi que pour mener à bien cette réforme, nos législateurs sauront s'inspirer des principes de la réflexion et de la modération. Il y a une sage limite de laquelle ils ne devront pas sortir. Cet esprit est celui qui a guidé la commission, car elle a su toujours se mettre en garde contre l'esprit de destruction qui « avait égaré la Convention dans la « loi du 3 brumaire an II consacrée à la procédure civile, « comme aussi contre l'esprit de réaction exagérée qui dirigea, sous le Consulat, le législateur du Code actuel. On « peut dire qu'elle s'est pénétrée de cette grave pensée : « pour faire progresser les institutions d'un peuple, il faut « d'abord les conserver, mais aussi pour assurer leur conservation il faut les faire progresser (1). »

1. M. Glasson, *La réforme de la procédure civile en France*, p. 60. Voir sur ces critiques, M. Glasson, *La codification en Europe au XIX*e *siècle.*

BIBLIOGRAPHIE

Ableiges (Jacques d'). — Grand Coutumier de France.

Alglave. — Action du ministère public en matière civile. Edition de 1874.

Aubry et Rau. — Cours de Droit civil français d'après la méthode de Zachariæ, tome VIII.

Baudry-Lacantinerie. — Précis de Droit civil, tomes II et III.

Beaumanoir. — Coutumes du Beauvoisis.

Belleyme (de). — Ordonnance sur requête et sur référé, tome I.

Bioche. — Dictionnaire de procédure civile et commerciale, tome IV, v^{is} Jugement par défaut.

Boitard, Colmet Daâge et Glasson. — Leçons de procédure civile, 15e édition, Tome I et II.

Boncenne, continué par *Bourbeau.* — Traité de la procédure civile, tomes II, III, IV et V.

Bonnier. — Eléments de procédure civile.

Boutaric. —Actes du parlement. (Traduction et choix et des Olim), tome I.

Boutaric (François de). — Explication de l'ordonnance de Louis XIV, roi de France et de Navarre, sur les matières civiles.

Boutillier. — Somme Rurale.

Carpentier. — La loi du 18 avril 1886 et la jurisprudence en matière de Divorce.

Carré, Chauveau et *Dutruc.* — Lois de la procédure civile et commerciale, 8 volumes y compris le supplément.

Crépon. — Traité de l'appel en matière civile, tome I.

Dalloz. — Répertoire méthodique et alphabétique de législation, de doctrine et de jurisprudence, v^{is} Jugement par défaut, Jugement, Appel civil, Vente publique d'immeubles.
Supplement au Répertoire, v^{is} Jugement par défaut.

Code de procédure civile annoté, et Supplément, sous les articles 149 et suiv.

Dutruc. — Supplément à Carré Chauveau, v^is Jugement par défaut·

Esmein. — Etudes sur les contrats dans le très ancien droit français.

La chose jugée dans le droit de la monarchie franque. Nouvelle Revue historique de droit français et étranger. Année 1887, tome XI.

Favard de Langlade. — Répertoire de la nouvelle législation, tome IV, v° Opposition.

Fournier (Paul). — Les officialités au moyen âge.

Garsonnet. — Traité théorique et pratique de procédure, tome V, § 988 et suiv.

Glasson. — Histoire du droit et des institutions de l'Angleterre. — Législation comparée, tome II.

Histoire du droit et des institutions de la France, tomes III et IV.

Sources de la procédure civile française.

La réforme de la procédure civile en France.

La codification en Europe au XIXe siècle.

Cours de procédure civile.

Grosse et Rameau. — Commentaire de la loi du 21 mai 1858, tome II.

Guyot—. Répertoire universel et raisonné de jurisprudence civile, criminelle, canonique et bénéficiale, v^is Opposition, Contumace, Défaut.

Huc. — Commentaire théorique et pratique du Code civil, tome III.

Isambert. — Recueil général des anciennes lois françaises depuis l'an 420 jusqu'à la Révolution de 1789, tomes II, IV, XII et XIV.

Joccoton. — Des jugements par défaut congé. Revue pratique de droit français, tome IX, année 1860.

Jousse. — Nouveau Commentaire sur l'ordonnance civile du mois d'avril 1667.

Locré. — La législation civile, commerciale et criminelle de la France, Tome XXI. (tome I de la partie : Procédure civile).

Loysel. — Institutes coutumières (édition Dupin et Laboulaye)

Merlin. — Consultation délibérée à Bruxelles le 27 février 1822. Sirey 1822, II, 249.

Répertoire, v° Opposition.

Pigeau. — La procédure civile des Tribunaux de France (2 vol. in-4°), tome I.

Commentaire sur le Code de procédure civile (2 vol. in-4°), tome I.

Pothier. — Traité de la procédure civile.

Procès-verbal des conférences tenues par ordre du roi pour l'examen des articles de l'ordonnance civile du mois d'avril 1667.

Rodier. — Questions sur l'ordonnance de Louis XIV du mois d'avril 1667 relatives aux usages des cours du Parlement et principalement de celui de Toulouse.

Rodière. — Cours de compétence et de procédure en matière civile, 2 vol. in-8.

Rousseau et Laisney. — Dictionnaire théorique et pratique de procédure civile, commerciale, criminelle et administrative, tome V, v° Jugement par défaut.

Sallé. — L'esprit des ordonnances de Louis XIV.

Tanon. — L'ordre du procès civil au XIVe siècle.

Tardif. — La procédure civile et criminelle aux XIII° et XIV° siècles.

Thomine-Desmazures. — Commentaires sur le Code de procédure civile.

Viollet. — Les Établissements de Saint-Louis.

Vu :

Le Président de la thèse,

GLASSON.

Vu :

Le Doyen,

GARSONNET.

VU ET PERMIS D'IMPRIMER:

Le Vice-Recteur de l'Académie de Paris,

GRÉARD.

TABLE DES MATIÈRES